U0503386

新三板
开启中小微企业资本盛宴

THE NEW THIRD BOARD
INITIATING THE CAPITAL FEAST
OF SMALL TO MEDIUM-SIZED ENTERPRISES

融资投资的资本盛宴，恰逢其时的操作指南，助推中小微企业顺势大反转！

陈冠声◎著

经济管理出版社
ECONOMY & MANAGEMENT PUBLISHING HOUSE

图书在版编目（CIP）数据

新三板——开启中小微企业资本盛宴/陈冠声著．—北京：经济管理出版社，2015.9
ISBN 978 - 7 - 5096 - 3889 - 7

Ⅰ. ①新…　Ⅱ. ①陈…　Ⅲ. ①中小企业—企业融资—研究—中国　Ⅳ. ①F279. 243

中国版本图书馆 CIP 数据核字（2015）第 169292 号

组稿编辑：张　艳
责任编辑：张　艳　王格格
责任印制：黄章平
责任校对：车立佳

出版发行：经济管理出版社
　　　　　（北京市海淀区北蜂窝 8 号中雅大厦 A 座 11 层　100038）
网　　址：www. E - mp. com. cn
电　　话：（010）51915602
印　　刷：三河市海波印务有限公司
经　　销：新华书店
开　　本：720mm × 1000mm/16
印　　张：12. 75
字　　数：157 千字
版　　次：2015 年 9 月第 1 版　2015 年 9 月第 1 次印刷
书　　号：ISBN 978 - 7 - 5096 - 3889 - 7
定　　价：39. 00 元

推荐语
——恰逢其时的操作指南

硅谷之所以能够在世界经济不景气的情况下蒸蒸日上，最大的原因就是它的科研转化能力较强，出现了微软、苹果等公司。现在，新三板的扩容，恰恰提供了这样的渠道。

《新三板——开启中小微企业资本盛宴》一书的出版，不仅为科研成果转换介绍了投融资的途径和方法，而且开启了"中小微企业资本盛宴"。我在国资委工作多年，对企业的投融资相关问题深有感触。如果中小微企业股改后在新三板挂牌上市，就为新发展争取了机会。本书的实务性很强，可以说是恰逢其时的操作指南。

国务院国有资产管理委员会专职监事　李保民

推荐序一

——从理论到实践的操作指导文本

《新三板——开启中小微企业资本盛宴》一书新鲜出炉，作为中国最早期的证券、投行、基金管理从业者，从中看到了自己多年工作的影子。得益于制度环境的完善和宽松的市场准入条件，新三板市场实现了快速发展，逐步得到投资者广泛认可，部分挂牌企业股票涨幅巨大。本书顺应新三板市场迅猛发展势头出版，是中小微企业挂牌上市的一个完整的从理论到实践的操作指导文本，而基金管理企业致力于为投资者提供参与新三板投资的良好机会，两者可谓一种契合。

在理论层面上，作者描述了中国资本市场的"三足鼎立"格局，阐述了新三板顶层设计的创新机制，诸如做市商制度、股权质押、转板机制、创新定向发行制度等，能够紧密契合中小微企业特征，从而极大地满足市场的期待。在实践层面上，分别从中小微企业运筹挂牌新三板之道、如何进行挂牌筹划、挂牌上市须知以及依法清障、财务税务问题等诸多方面予以指导，具有可操作性和实用性。

我一直认为基金管理企业的愿景是："为投资人提供高端、个性化的资产管理服务，成为中国资产管理领域的引领者。"而从《新三板——开启中小微企业资本盛宴》一书中，我看到了同一指向的努力！

大成基金管理有限公司原董事长　胡学光

推荐序二

——中小微企业拟挂牌上市新三板的实操宝典

2015 年 4 月 8 日，我受本书作者陈冠声先生的邀请，参加了河北海贺胜利印刷机械集团有限公司（以下简称海贺胜利集团）联手国内知名上市辅导服务机构在河北省玉田县举行的"新三板"挂牌启动大会，此次大会标志着海贺胜利集团改制上市工作正式全面启动。事实上，登陆新三板承载了海贺胜利集团更多的梦想和责任——成为中国印刷装备企业上市的新样板、新典型、新标杆，为所有股东圆梦，为玉田县、唐山市、河北省乃至中国经济的发展贡献企业的力量。这是海贺胜利集团的一个战略性选择。

新三板不仅为海贺胜利集团进一步发展提供了契机，也堪称中小微企业的资本盛宴。而《新三板——开启中小微企业资本盛宴》一书的出版恰逢其时！

在以往，由于中小微企业自身存在的问题和外部环境的限制，企业融资面临诸多困难。现在国家有了好政策，新三板扩容，中小微企业发展有了挂牌上市的好机会。但挂牌上市对中小微企业而言是个新路径，其中涉及的诸多问题需要明了。我高兴地看到，在这本书中给出了具体的方式方法，对整个操作流程进行了详述，几乎对涉及的所有问题均给出了解答。

《新三板——开启中小微企业资本盛宴》是中小微企业拟挂牌上市新三板的实操宝典！这样的作品，值得我推荐！

清华大学经济管理学院金融系副主任、教授 朱武祥

前言
——站在新三板的"风口"上

新三板起源于 2006 年北京中关村建立的股份转让系统。2012 年，在中关村的基础上又新增了上海张江、武汉东湖、天津滨海 3 个试点区。随着 2013 年全国中小企业股份转让系统的挂牌以及 2014 年引入做市商制度等，新三板进入发展快车道。在国务院重点解决中小企业融资难的大背景下，新三板承载的市场功能也开始显现。

相对于主板、中小板、创业板，新三板拥有众多特殊性。新三板挂牌企业多为高科技企业，行业占比前三的分别是信息技术、工业和材料，企业挂牌上市的要求也相对宽松。新三板的交易模式不同于主板的连续竞价，而是采用协议成交和做市商交易；新三板的股价没有单日涨跌幅限制；投资者准入门槛高达 500 万元。众多特殊性以及看似高风险的特点，使得新三板更像是介于一级市场和二级市场之间的市场。新三板很像中国版的"纳斯达克"，因而也成为了中国资本市场的新的"风口"。

抛开眼花缭乱的政策，其实中小微企业在新三板挂牌，主要是出于这样几方面的考虑：有利于进一步完善其法人治理结构，促进企业规范发展；有利于这些挂牌企业直接对接资本市场，拓展新的融资渠道，提高品牌影响力；通过风险投资等各类资金进入，开展股权置换交易，推进企业收购兼并和战略重组，进而盘活企业存量资产；更为重要的是，在新三板挂牌后，提高了其股权流动性，并形成了有效股份退出机制，有利于引进战略投资者，有利于增加这些 A 股上市公司的资产流动性。在这里我们不妨看这样一个例子：

河北海贺胜利印刷机械集团有限公司（以下简称海贺胜利集团），成立于1995年，在近20年的时间里，从几个人的小作坊一路发展到占地100多亩、拥有300多名员工的集研发、生产、销售和服务于一体的印刷设备供应商。作为全国驰名商标的"胜利"品牌产品，已经拓展到有全自动烫金机、磨切机、裱纸机、覆膜机等8大系列、50多个品种，先后荣获32项国家专利，两次填补国内空白，产品技术性能居国内领先地位，并已达到国际同类设备先进水平。

2010年，海贺胜利集团提出了创业板上市战略，收购了西安郑和等三家关联企业，成立了行业首家西安印刷设备技术研究院，在北京亦庄兴建了工业园区等多项发展项目。

从2012年开始，海贺胜利集团先后投入1.8亿元，兴建了北京的工业园区，投入5000万元给西安研究院进行新产品研制及开发，投资3000万元扩建了生产基地办公楼及恒温的车间和厂房。正当集团投入巨额资金、大规模扩张产能之际，恰逢全球市场需求萎缩，中国经济增速下滑，企业一时陷入了困境。企业采取了银行融资、民间借贷等一系列措施，但未见成效。

2014年底，海贺胜利集团资金链断裂，企业走到了危险的边缘。

2015年1月，以商业模式创新闻名业界的创富志学院执行院长、商业模式实战导师陈冠声先生，以引入各种平台模式、重构供应链、重构业务流程、重构自由现金流等重构企业商业模式，在融人才、融资源、融资金、债转股等几个方面下手，借助"新三板"作为新起点，为海贺胜利集团开出了几剂令企业起死回生的"良方"。奇迹发生了，短短几个月过后，就把海贺胜利集团从年初的危险边缘拉了回来。

2015年4月8日，海贺胜利集团进行了新三板挂牌工作启动大会，成功为企业注入人才、资源、资金，使企业在度过危机的同时走上了战略转型、商业模式创新和资本共融的传统企业生死转型之道路。

事实证明，新三板作为一个新兴市场，现在处于良好的介入时机，而随着政策越来越明朗，更多的机构投资者以及个人投资者可能蜂拥而至，优质标的必将成为哄抢对象，导致"一票难求"，所以越早进入市场，就越有先手优势。为此，《新三板——开启中小微企业资本盛宴》一书从以下九个方面展开，为中小微企业投资新三板进行精心筹划，以创造财富、实现新的发展。

第一，制定"新三板"扩容战略——简单回顾了"新三板"扩容战略在我国三板市场的发展过程，指出现在形成的创新机制，旨在为非上市的高成长性、高科技型中小微企业提供投融资服务与高效便捷的股权交易平台，是我国主板、创业板、中小板市场的重要基础支撑。

第二，中小微企业资本盛宴——随着我国证券交易所"三足鼎立"格局的形成与创新，众多企业挂牌新三板，其数量直逼主板，表明新三板不仅为中小微企业提供了一个难得的融资新途径和前景广阔的发展机遇，同时也使我国资本市场日益完善并发挥出巨大作用。

第三，中小微企业运筹之道——面对新三板，中小微企业的运筹之道在于对新三板的理性定位、致力于打造自己的企业核心竞争力、运用互联网思维设计产品、把握转板立足点等。这是挂牌和制胜新三板的第一步。

第四，登陆中国版的"纳斯达克"——筹划挂牌新三板需要做的是：明确新三板筛选企业的标准、对新三板挂牌的成本利弊进行分析、内部团队筹划新三板挂牌要明确相关问题、开展新三板挂牌前的股权激励、利用11项利好政策调整新三板的流动性缺陷。这是挂牌和制胜新三板的第二步。

第五，企业"新三板"挂牌上市须知——该章从实操层面介绍了挂牌公司需要了解的制度、规则、流程、费用等。这些操作指南，可以有效解决企业新三板上市的疑难问题。

第六，为登陆"新三板"重新定义企业——该章提出了增强挂牌企业融资能力、规范治理水平的提升、公众形象和认知程度，以及如何通过监管降低股权投资风险、提振员工信心等问题。这些重新定义的企业的工作，已经成为了决定企业上市成功与否的关键。

第七，"新三板"挂牌法律问题及解决思路——对于挂牌新三板企业面临的主体资格的相关法律问题、清理股权转让过程中的股份代持问题、无形资产出资引发的风险问题、关联交易和同业竞争问题、外商投资企业股改的相关法律问题等，结合国家出台的相关法律法规，提出了宝贵的、切实可行的解决思路。

第八，"新三板"挂牌企业基本财务要求——根据新三板挂牌的要求，参照拟上市企业 IPO 被否的原因分析，结合拟挂牌企业的普遍性特点，该章介绍了挂牌企业的基本财务要求、挂牌企业财务文件相关知识、挂牌企业涉及的会计政策、挂牌企业财务核算办法、挂牌企业税务问题、挂牌企业财务制度规范等，这是需要企业在挂牌前关注并解决的问题。

第九，"新三板"投资智慧——强调当投资者攀上风口之际，千万别任性，需时刻谨记"风险与收益成正比"的投资大智慧；同时，给出了选择新三板投资产品及股民进行新三板股票交易的原则和方法。

站在新三板的"风口"上，投资者如果运用本书所述的方法，就可以获得高成长、高收益！你准备好了吗？

目 录

国家层面顶层设计和实施的"新三板"扩容战略，在我国三板市场经历了从"老三板"到"新三板"的蜕变与升级，目前成为了我国多层次资本市场的重要组成部分。新三板旨在为非上市的高成长性、高科技型中小微企业提供投融资服务与高效便捷的股权交易平台，是我国主板、创业板、中小板市场的重要基础支撑，对于完善我国全方位、多层次的资本市场体系将发挥重要作用。

随着我国证券交易所"三足鼎立"格局的形成，中小微企业的融资渠道在新三板创新机制下拓宽，新三板逐渐发挥出服务于中小微企业所特有的功能，众多企业闻风而动，挂牌新三板的企业数量直逼主板。实践证明，新三板不仅为中小微企业提供了一个难得的融资新途径和前景广阔的发展机遇，同时也使我国资本市场日益完善并发挥出巨大作用。

第三章 面对"新三板"，中小微企业运筹之道 …………… 29

面对新三板，中小微企业的运筹之道在于：从理性的角度定位新三板，判断在新三板挂牌的必要性；致力于打造自己的企业核心竞争力，准备好制胜新三板市场的砝码；运用互联网思维，设计出能够与互联网模式相契合的产品；把握转板立足点，实现与场外市场的无缝对接；做市商制度对券商来说是个新的挑战，券商要发挥应有的作用，以实现与挂牌企业的双赢。

第四章 挂牌筹划：登陆中国版的"纳斯达克" …………… 53

新三板被称为中国版的"纳斯达克"，筹划挂牌新三板，需要明确新三板筛选企业的标准，对新三板挂牌的成本利弊进行分析，内部团队筹划新三板挂牌要明确相关问题，开展新三板挂牌前的股权激励，利用11项利好政策调整新三板的流动性缺陷。只有这样，才是一个相对完整的新三板挂牌上市筹划，才能实现企业的预期目标。

随着新三板扩容的正式开启，新三板挂牌公司迎来了发展机遇，国家也大力推进新三板优惠政策。抓住历史性发展机遇，进行新三板挂牌操作，企业需要了解新三板挂牌和主板上市的区别，掌握新三板交易制度和交易规则，遵循新三板挂牌流程，明确新三板上市需缴纳的费用，另外做市商的操作流程也是做市企业不可不知的。这些操作指南，可以有效解决企业新三板上市的疑难问题，帮助企业获得高成长、高收益。

第六章 功能创新：为登陆"新三板"重新定义企业 ·············· 97

企业挂牌新三板需要重新定义自己的公司并为此做好充分的准备工作，具体包括：增强挂牌企业融资能力；有效提升企业规范治理水平；提升企业公众形象和认知程度；通过监管降低股权投资风险；提振员工信心，增强公司凝聚力。事实上，这些重新定义企业的工作，已经成为了决定企业上市成功与否的关键。

第七章 依法清障："新三板"挂牌法律问题及解决思路 ········ 113

在一个法治社会，对经济领域的规范显得必要和紧迫，尤其是新三板大局初开，各方面更需要规范。在实践当中，对于挂牌新三板企业面临的主体资格相关法律问题、清理股权转让过程中的股份代持问题、无形资产出资引发的风险问题、关联交易和同业竞争问题、外商投资企业股改相关法律问题等，国家出台了一系列法律法规，广大的企业法务工作者也为此做出了积极的努力，提出了宝贵的切实可行的解决思路，推动了新三板市场步入良性发展轨道的进程。

第八章 财务问题："新三板"挂牌企业基本财务要求 ………… 137

在备战新三板的过程中，企业不仅要考虑主营业务重组、历史沿革梳理、治理结构规范、持续盈利保障等关键问题，还得重视财务问题。根据新三板挂牌的要求，参照拟上市企业 IPO 被否的原因分析，结合拟挂牌企业的普遍性特点，主要有挂牌企业的基本财务要求、挂牌企业财务文件相关知识、挂牌企业涉及的会计政策、挂牌企业财务核算办法、挂牌企业税务问题、挂牌企业财务制度规范等，需要企业提前关注并解决。

第九章 蓝海掘金："新三板"投资智慧 ……………… 169

在当前国家大力支持发展多层次资本市场的大背景下，作为其中重要一环，新三板近几年在制度红利的驱动下被推上"风口"。不过要提醒的是，当投资者攀上"风口"之际，千万别任性地只想着"股票随便买都能赚钱"，"风险与收益成正比"的投资大智慧在任何市场都应被时刻谨记，"风口"之上的新三板也不例外。

第一章　顶层设计：制定
"新三板"扩容战略

国家层面顶层设计和实施的"新三板"扩容战略，在我国三板市场经历了从"老三板"到"新三板"的蜕变与升级，目前成为了我国多层次资本市场的重要组成部分。新三板旨在为非上市的高成长性、高科技型中小微企业提供投融资服务与高效便捷的股权交易平台，是我国主板、创业板、中小板市场的重要基础支撑，对于完善我国全方位、多层次的资本市场体系将发挥重要作用。

一、在探索中发展多层次资本市场

中国资本市场近20年的最大贡献在于重新构筑了现代市场经济主体。20年间，在中共中央、国务院的关心、扶持下，包括主板、中小板、创业板和新三板在内的多层次资本市场框架基本形成，不仅为各类经济主体提供了符合其特点和需求的直接融资渠道，更为各行各业提供了创造财富的舞台。在这之中，作为近期顶层设计的新三板扩容战略，在中国三板市场经历了从

"老三板"到"新三板"的蜕变与升级。

中国三板市场起源于 2001 年的"股权代办转让系统",当时为解决原 STAQ、NET 公司法人股及退市公司的历史遗留问题的代办股份转让工作,于 2001 年 6 月 12 日正式启动,2002 年 8 月 29 日起退市公司被纳入三板市场。

2006 年,中国证监会计划把三板纳入多层次资本市场建设的一部分,在解决退市公司和两网公司股份转让问题的老三板之外建成一个新三板市场,支持科教兴国战略,解决高科技企业的股份转让和融资问题。为此,2006 年 1 月 23 日,证监会与北京中关村科技园区管委会开通了中关村科技园区非上市公司代办股份转让系统,俗称"新三板",先后 77 家中关村科技园区高新技术企业进入新三板,股份报价转让试点正式启动。

新三板的诞生在一定程度上促进了场外市场的发展,但是自 2006 年 1 月 23 日,中关村科技园区非上市股份有限公司股份报价转让系统经国务院批准设立以来,已运行 5 年,由于其制度设计的原因,始终存在流通性不强、融资能力力弱、参与人数少、关注度低等问题。随着 2009 年 10 月 30 日创业板的推出,场外市场建设的呼声渐高。

面对场外市场的巨大"蛋糕",与新三板市场略显低迷的现状形成鲜明对比的是,各部委、地方政府积极尝试产权交易所的建设,力图建设统一的全国性场外交易市场。2011 年初,证监会决定实施新三板扩容战略,将"扩大中关村试点范围、建设统一监管的全国性场外市场"列为当年证监会八大工作之首,通过完善多层次资本市场建设,以孵化中小微企业的发展,帮助中国经济完成结构转型,解决庞大的就业压力,实现资本市场的公平和效率。

当时实施的新三板扩容战略具体包括四项内容:一是新三板扩容,在原有中关村科技园区试点的基础上,将范围扩大到其他具备条件的国家级高新技术园区;二是在交易制度上,将同步引入做市商制度,而首批试点做市商将优先考虑已有代办系统主办资格且至少推荐一家公司挂牌的证券公司；三是投资者准入，符合新三板市场投资者适当性管理有关要求的个人投资者，可进入新三板市场参与报价转让交易；四是新三板监管权力将由中国证券业协会回归到证监会，证监会已经成立了三板市场管理委员会，计划成立全国统一监管的第三交易所。这个市场不仅可以挂牌交易，还可以通过定向增发融资，符合上市条件的可以直接转到主板挂牌上市，不用发审委审核。

2012年8月，经国务院批准，决定扩大非上市股份公司股份转让试点，首批扩大试点新增上海张江高新技术产业开发区、武汉东湖新技术产业开发区和天津滨海高新区。

2013年1月，全国中小微企业股份转让系统正式揭牌运营。2013年6月，国务院常务会议决定，加快发展多层次资本市场，将全国股份转让系统试点扩大至全国，鼓励创新、创业型中小企业融资发展。2013年12月13日，国务院发布《关于全国中小企业股份转让系统有关问题的决定》（国发〔2013〕49号）文件，明确了全国股份转让系统六个方面的问题，标志着"新三板"正式扩容至全国。

2013年12月26日起，为贯彻落实上述《决定》，证监会先后发布了《关于修改〈非上市公众公司监督管理办法〉的决定》、《股东人数超过200人的未上市股份有限公司申请行政许可有关问题的审核指引》等7项配套规则。截至2014年2月19日，挂牌公司达到642家；截至2015年5月12日，挂牌公司达到2395家，民营企业占96%，科技企业占77%（高科技企业）。

从20多年的探索和发展多层次资本市场的历程来看，中国资本市场已经提升至前所未有的高度，即将成为融资的主场，而场上最大的明星非新三板莫属。新三板的发展意味着资本市场发展的最后障碍正在消除，将为中国经济的增长注入新的动力。在国家鼓励"大众创业，万众创新"的背景下，新三板作为最重要的制度安排之一，支持中小微企业获得市场化的市场平台支持，以取得更大的发展机会，促进经济通过创新和创业转型。与此同时，新三板也是一场革命，将以资本和证券化的手段伴随主板一起对中国所有的中小微企业进行脱胎换骨式的改造和培育。

二、中国资本市场的"三足鼎立"格局

2014年1月24日，新三板全国扩容后首批企业集体挂牌仪式在京举行，多家公司正式挂牌并被市场热烈追捧。新三板全国扩容，设立全国中小企业股份转让系统，是加快我国多层次资本市场建设发展的重要举措。"北京证券交易所"（全国股转公司）的正式挂牌成立，标志着我国证券交易所将形成"三足鼎立"的格局：上海证券交易所、深圳证券交易所、北京证券交易所，标志着市场传闻已久的"新三板"交易模式正式诞生。

（一）新三板与主板、中小板、创业板的区别

新三板与主板、中小板、创业板最大的区别主要是它们分别处在资本市场的不同层次，新三板代表整个资本市场的最底部。多层次资本市场，是适应实体经济不同层次的需求而逐渐形成的一个市场体系，适应了不同投资人和融资人各自的特点，有不同的标准体系和服务方式，多层次资本市场本身就是风险的多层次管理，实现的方式是对制度的差异化安排。

新三板与主板、中小板、创业板在挂牌条件及监管组织等许多方面都有很大的不同：

区 别	内 容
功能定位不同	"新三板"主要是为未上市股份公司提供股份转让服务，不向社会公众募集资金，即便融资也是以定向募集为主，且增资规模较小
公司性质不同	主板、中小板和创业板的公司都是上市公司，新三板挂牌公司是未上市的成长型、创新型中小微企业
挂牌条件不同	主板、中小板和创业板上市条件中对申请人的盈利状况和企业规模都有相应要求，条件更严格。新三板挂牌条件拟不设盈利状况和企业规模指标，只要申请人依法设立、主营业务突出且持续经营、公司治理结构健全、运行规范，就可以申请挂牌
申请程序不同	主板、中小板和创业板公司都需要经过证监会的首次公开发行审核。新三板申请挂牌程序将进一步发挥场外市场运营机构的自律管理职能，弱化行政管制
交易方式不同	目前主板、中小板和创业板以集中竞价交易方式为主。新三板由于挂牌公司规模普遍较小，股权较为集中，拟以协议转让为主，并引入做市商双向报价的做市交易方式，增强流动性
转让方式不同	新三板建设将采取逐步扩大试点的方式稳步推进，初期将选择少数城市条件成熟的国家级高新技术园区，不会对已有市场产生负面影响
信息披露不同	与主板、创业板相比，新三板对强制披露事项、披露流程进行简化，例如，不要求披露季报，在指定网站披露即可（不要求在报纸上披露）

（二）新三板与四板市场的区别

目前我国的场外交易市场还有一些区域性的股权交易市场（俗称四板市场），包括天津股权交易所、上海股权托管交易中心、齐鲁股权托管交易中心、深圳前海股权交易中心以及浙江股权交易中心等。区域性股权交易市场是为特定区域内的企业提供股份、债券的转让和融资服务的私募市场，是我国多层次资本市场的重要组成部分，也是我国多层次资本市场建设中必不可少的部分，对于促进企业特别是中小微企业股权交易和融资，鼓励科技创新和激活民间资本，加强对实体经济薄弱环节的支持，有重要的积极作用。

新三板业务新规则出台之后，所有的新三板挂牌公司都要在通过中国证监会核准后，并纳入证监会的监管，属于公众公司，才可以采取公开方式进行交易。包括前述四板市场在内的场外交易市场为了防止风险外溢，都要遵循国务院下发的（国发〔2011〕38号）文件，即遵循非公众、非标准、非连续的原则。所谓的"非公众"，是指股东人数不得超过200人；所谓的"非标准"，是指交易标的不能是标准化的，应该是非标准化的资产包，或者说是权益包；所谓的"非连续"，是指必须采取非连续的交易方式。新三板市场则不受这些原则的限制，股东人数可以超过200人，交易方式可以采取任何适应市场需求的交易方式，并且新三板市场采取的是做市商制度，这在我国资本市场上属于首次出现，和区域性的股权交易市场有实质性的区别。

新三板起航了，这是历史性的机会，也是国家战略。企业在新三板挂牌上市的过程中，不仅能够实现融资，而且股权结构、内部管理机制、财务制度等将会得到全面优化。中小微企业应该未雨绸缪，为新三板挂牌上市积极准备是当务之急。

三、创新机制紧密契合中小微企业特征

新三板承载着缓解中小微企业融资难、发展新兴技术产业、支持国家自主创新战略的重任，为此，新三板顶层设计的创新机制，诸如做市商制度、股权质押、转板机制、创新定向发行制度等，能够紧密契合中小微企业的特征，从而极大地满足市场的期待。

（一）做市商制度，可以有效发现企业价值

2013 年 2 月，全国中小企业股份转让系统有限责任公司在《全国中小企业股份转让系统业务规则》中正式提出"做市商制度"。它是指在证券市场上，由具备一定实力和信誉的证券经营法人作为特许交易商，不断地向公众投资者报出某些特定证券的买卖价格，即双向报价，并在该价位上接受公众投资者的买卖要求，以其自有资金和证券与投资者进行证券交易。

所谓做市商，就是证券公司和符合条件的非券商机构，使用自有资金参与新三板交易，持有新三板挂牌公司股票，通过自营买卖差价获得收益，同时证券公司会利用其数量众多的营业部网点，推广符合条件的客户开立新三板投资权限，从而提高新三板交易的活跃度，盘活整个市场。根据规定，做市商可以通过四种方式获得公司股票：挂牌公司定向增发、挂牌公司股份在全国股转系统转让、股份在挂牌前转让，以及其他合法方式。

做市商制度的重要之处在于能解决科技型中小微企业的定价问题。由于在"新三板"挂牌的多为科技型中小微企业，这类企业大多依靠股权融资，通过企业的高增长让投资者分享收益。但由于高科技成长型企业难以定价，一般投资者很难判断其价值，因而投融资双方对企业的估值存在一定偏差。做市商制度依靠公开、有序、竞争性的报价驱动机制，实行双向叫价，能保证证券交易的规范和效率，为市场提供即时性和流动性。

总体来说，做市商制度能让挂牌新三板的企业通过交易价格来决定融资价格，有效发现科技型中小微企业的价值。另外从新三板未来的发展看，政府层面希望将其打造为中国的"纳斯达克"。如果做市商制度能够随着全国扩容正式实施，并配套相关的上市制度及退市、淘汰机制，那么，新三板的活跃度和流动性一定会有质的提升。"在全国股转系统风险总体可控前提下，

通过进一步扩大股份交易试点范围、降低投资门槛、建立双向转板机制、推行做市商制度等举措,将不断提升股转系统股份转让的交易活跃度,确保股转系统独特的融资功能的实现。"业界人士称。

(二) 股权质押,可以扩大新三板融资功能

股票质押融资并不是新鲜事物,它类似于主板市场的股票质押式回购,可以为新三板公司控股股东、实际控制人提供更多的融资手段。控股股东可以将公司股票质押获得的资金,作为对公司的资本投入,也可以用于其他用途。新三板的制度创新中就包括股票质押融资业务,这是新三板扩大其融资功能的创新举措。市场恰恰需要这样的制度创新,以消除企业的顾虑,吸引更多的人参与进来。

事实上,只要企业股份通过挂牌实现标准化和可流动,就已经具备了向银行申请质押股票融资的条件。北京中关村已经有不少银行为新三板挂牌企业提供此项业务,但新三板交易所方面希望更进一步,推动代办券商参与到此项业务中来,即新三板企业的大股东或实际控制人将持有的公司股票质押给券商,从券商处融入资金用于对公司追加投资,或者用于其他用途。

(三) 转板机制,可以实现场内外市场无缝对接

"转板制度"是多层次资本市场体系中各个层次的资本市场之间的桥梁,是资本市场中不可或缺的一项环节。无论讨论多层次资本市场还是建设和完善更加成熟的金融市场体系,事实上都不可回避资本市场转板制度建设的相关问题。目前我国多层次资本市场框架已初步搭建,但缺乏相互之间的有机结合,不同层次的资本市场之间尚未搭建起连接的桥梁,缺乏完善的转板制度,而新三板的转板机制创新,恰恰可以实现场内外市场的无缝对接。

转板制度的实行，有其必要性。尤其是在现阶段IPO进展缓慢、让部分企业在新三板挂牌以实现分流已经成为证券监管机构的一种可行选择的情况下，制定一套合理的转板制度，让部分在新三板挂牌的企业能够转板或者看到其在将来能够转板的希望，已经成为一种迫切要求。

转板制度就是企业在不同层次的证券市场间流动的制度。新三板的转板通道指新三板挂牌企业在不同层次的证券市场中流动的通道。目前我国并不存在真正的转板制度，三板挂牌企业和非三板企业，都需要通过首次公开发行的程序才能在场内资本市场的相关板块上市。新三板企业仍只能通过IPO的方式首次公开发行并在场内市场上市，且其IPO的条件与其他企业无异。

证监会现阶段规定："在全国股份转让系统挂牌的公司，达到股票上市条件的，可以直接向证券交易所申请上市交易。在符合《国务院关于清理整顿各类交易场所切实防范金融风险的决定》（国发〔2011〕38号）要求的区域性股权转让市场进行股权非公开转让的公司，符合挂牌条件的，可以申请在全国股份转让系统挂牌公开转让股份。"该《决定》可以解读为升板的规定。区域性股权转让市场与"新三板"同为场外交易市场，前者的企业资本化程度与交易标准化程度都处于更低端的位置，而场内市场则比场外交易更为高端。如果一个企业不断自我完善与发展，随着更高层级市场准入交易条件的满足，可以通过在区域性股权转让市场交易实现到"新三板"挂牌，也可以通过进一步努力实现到场内交易市场上市。升板制度使企业在不同时期都可以获得与当期发展相匹配的融资平台，为企业发展提供了更广阔的成长空间。

在降板层面，证监会坚定不移地执行新退市制度，实现退市制度的市场化、法制化、常态化。值得注意的是，根据修订后的规则，"退市公司在新三板挂牌满一个完整会计年度，可以向上证所申请重新上市。上证所自受理公司重新上市申请之日起的 60 个交易日内，将做出是否同意其股票重新上市的决定"。也就是说，"新三板"成为主板退市制度的"缓冲垫"，使企业可以在条件宽松的低层级市场渡过暂时性难关，整顿之后再次发展。不仅可以实现企业的优胜劣汰，提高企业的区分度，而且可以通过规范主体行为保护投资者，降低市场风险、维护运营秩序，最终有利于构建完整的转板流通体系，完善我国全方位、多层次的资本市场体系。

（四）创新定向发行制度

新三板挂牌企业除了股权融资以外，还可以做债权融资，对一些处于高速成长期的企业来说，与股权融资比较而言，发债更划算，因为可以锁定成本。同时，新三板的定向发行制度还有两个特点，即小额发行豁免和储架发行，这是交易所不具备的，是股转系统的发行制度创新。

小额发行豁免是指小额证券的发行人由于其发行的证券所涉数额小，或公开发行的特征有限，对投资者和公众利益影响范围可控，为了便于资本的形成，证券监管机构特别准予该类证券发行免予依据《证券法》进行注册或核准的法律制度。

正是由于上述创新机制紧密契合了中小微企业的特征，因此，中小微企业将实现资源更高效率的配置。由此，新三板所承载的战略重任在市场的期待中显现。

第二章 "新三板"：中小微企业资本盛宴

随着我国证券交易所"三足鼎立"格局的形成，中小微企业的融资渠道在新三板创新机制下拓宽，新三板逐渐发挥出服务于中小微企业所特有的功能，众多企业闻风而动，挂牌新三板的企业数量直逼主板。实践证明，新三板不仅为中小微企业提供了一个难得的融资新途径和前景广阔的发展机遇，同时也使我国资本市场日益完善并发挥出巨大作用。

一、"新三板"拓宽中小微企业融资渠道

中小微企业融资难的问题自改革开放以来一直没有解决，已经演变成"民间财富多、中小微企业融资难"的窘况，最主要的问题在于投融资渠道不畅。因为现在商业银行占有了绝大部分的资产，在相对较少的融资渠道中，又基本被沪深两个交易所占据。沪深两个交易所门槛很高，就是俗称的"高富帅"，所以对中小微企业而言，无论是商业市场还是金融市场都难以解决融资问题。中共十八大报告里提到了解决方案，第一是利率市场，第二是汇

率市场，第三是加快发展多层次资本市场，说明多层次资本市场是解决中小微企业融资的关键所在。

在多层次资本市场，具有标志意义的就是新三板的推出，其主要是为了解决中小微企业融资难问题，而建成中国的"纳斯达克"。如今的新三板在知名度方面丝毫不亚于沪深市场，新三板的挂牌要求极为宽松，特别是在盈利能力、资产要求和股本要求上基本没有特别限制，不设财务门槛、小额快速融资制度、灵活的股债融资工具等，一系列契合中小微企业特点和需求的重大制度创新，使新三板成为当之无愧地支持中小微企业创新的开放平台，最大程度地满足了中小微企业的融资需求。

新三板致力于改善中小微企业发展的金融环境，全面拓宽中小微企业融资渠道，对金融市场起到八个方面的推动作用：

（一）规范治理

规范的公司治理是中小微企业获取金融服务的基础前提，也是实现可持续发展、确保基业长青的根本保障。我国的创新创业型中小微企业通常是传统的家族式企业，往往财务不透明、决策不科学、管理不规范，需要在挂牌前进行规范改制，健全治理架构，挂牌后由主办券商进行持续督导。主办券商、律师事务所、会计师事务所等专业中介机构将帮助公司建立起以"三会"为基础的现代企业法人治理结构，梳理规范业务流程和内部控制制度，大大提升企业经营决策的有效性和风险防控能力。挂牌后，主办券商还将对公司进行持续督导，保障公司持续性规范治理。

（二）股份流动

普通股份公司股份缺乏流通的场所和途径，而挂牌公司的股份可以在全国场外市场公开转让和自由流通，成为真正的开放型公众公司。股份流动一方面给公司带来了流动性溢价，另一方面为公司股东、离职高管以及创投、风投和 PE（私募股权投资）等机构提供了退出渠道，同时也为看好公司发展的外部投资者提供了进入的渠道。

（三）价值发现

公司的股权估值通常以净资产为基础计算，公司经营业绩和成长潜力很难从股价上得以体现。而挂牌后，二级市场将充分挖掘公司的股权价值，股权的估值基准也从每股净资产变为未来收益折现，一项重大创新或是重大合同都将对股价产生立竿见影的影响，能够有效提升公司股权的估值水平，充分体现公司的成长性。全国股份转让系统实行严格的投资者适当性管理，注重发挥专业投资机构的专业引领作用，为包括基金、信托、理财产品、PE/VC（风险投资）等在内的专业机构搭建了有效连接投融资双方的平台，降低了信息收集成本。实践中，企业刚刚挂牌，就会有多家创投公司和 PE 前往公司考察接洽投资事宜，给出的估值水平较挂牌前也会有明显提升。

（四）直接融资

全国股份转让系统首创的"小额、快速、按需"融资模式符合中小微企业的需求特征，能为挂牌企业解燃眉之急。同时，为便利挂牌企业，还探索实行了小额融资豁免和储架发行制度，融资没有时间间隔要求。据统计，2013 年全年累计融资 10 亿元，2014 年全年累计融资 132 亿元，2015 年 5 月 13 日前已经有 312 家公司融资 375 次，融资总额 144.3 亿元。对于那些处于高速成长期的企业，债券融资比股权融资更易锁定成本，因此在定向发行之外，将逐步推出公司债、可转债和中小微企业私募债等融资工具，以满足挂牌企业多样化的融资需求。

（五）信用增进

创新创业型中小微企业历史短、规模小、固定资产少，和成熟的规模企业相比，在直接融资等领域往往存在资产定价难、信用评价低、信贷周期长的问题，"贷款难、贷款贵"问题突出，往往错过发展良机。挂牌公司作为公众公司，通过了主办券商的筛选、辅导和规范，又经过了会计师和律师的"火眼金睛"，挂牌后纳入证监会统一监管，履行了充分、及时、完整的信息披露义务，公司信用经历了公开市场的广泛检验，信用增进效应十分明显。挂牌公司以及正在申请挂牌的公司受到了商业银行和投资者的青睐，在获取直接融资的同时，也可通过信用评级以及市场化定价进行股权抵押以获取商业银行贷款。

（六）提升形象

挂牌公司作为定期进行信息披露的公众公司，在公众、客户、政府和媒体中的形象和认知度都明显提升，在市场拓展及获取地方政府支持方面都更为容易。调研显示，公司挂牌后，新老客户对公司的信赖度明显提升，在新市场开拓中对销售业绩的提升效应也比较明显。

（七）股权激励

创新创业型中小微企业在发展中普遍面临人才、资金两大"瓶颈"，而股权激励是吸引人才的重要手段。全国股份转让系统支持挂牌公司以限定性股票、期权等多种方式灵活实行股权激励计划。企业可以根据自身需要自主选择股权激励方式，只要履行信息披露即可。这为那些财务支付能力弱的公司吸引留住核心专业人才、技术骨干创造了条件。由于挂牌公司股权有了公允的市场定价和顺畅的进出通道，这也为股权激励的实施提供了保障。

（八）并购重组

并购重组是成熟资本市场企业做大做强的通常做法，也是资本市场优化资源配置的重要途径。全国股份转让系统挂牌公司通常并不处于行业绝对领先地位，但成长性强，增长潜力大。借助全国场外市场，挂牌公司可以通过定向增发、换股、发债等多种方式实现横向、纵向或者跨行业的加速度扩张，实现"从做加法到做乘法"。

网络设备巨头思科自1993年以来，共计收购了110家公司，平均6周收购1家，成功借助资本市场实现了高速扩张。再来看看下面的大智慧重组湘财证券的例子。

2014年8月12日，大智慧发布公告称，公司及财汇科技拟与湘财证券签署《重组意向书》，拟通过向湘财证券全体股东非公开发行大智慧股份及支付现金的方式购买湘财证券100%的股份，估价不超过90亿元。本次交易将要换股吸收新三板证券公司湘财证券，其中财汇科技拟以现金方式购买新湖控股持有的3.5%的湘财证券股份，大智慧将拟以发行股份方式购买其他股东持有的湘财证券剩余的30多亿元的股份，占总股本的96.5%。

截至2013年12月31日，湘财证券总资产120.66亿元，归属于上市公司股东的净资产35.47亿元，其中2013年1~9月实现的营业收入8.3亿元，归属于上市公司股东的净利润1.30亿元。详见表2-1：

表2-1 2010～2013年湘财政券营业收入及利润

年份	营业收入（亿元）	利润（万元）
2010	10.13	43
2011	4.02	2082.75
2012	8.94	16641.81
2013（1~9月）	8.3	18408.73

大智慧通过此次交易，可全面深入整合大智慧及湘财证券的业务资源，搭建真正以互联网为基础的业务平台，整合效应极其明显。未来，有关各方将在此平台基础上进一步整合拓展相关资源，分享互联网金融的巨大成长空间。

随着"新三板"扩容到全国，并且成为建立多层次资本市场的重要环节，专家预计未来"新三板"中的企业将多达上万家。这数以万计的企业数量，也意味着"新三板"涉及的行业是全方位的，这其中势必包括中小微企业，它们通过挂牌"新三板"，将获得有效的融资平台，并迅速发展壮大。可想而知，中小微企业如果再不抓住眼前机会，未来落后于人的就可能不是几步之遥了。

二、"新三板"服务中小微企业的五大功能

新三板的业务范围是为非上市股份公司的股份公开转让、融资、并购等相关业务提供服务；为市场参与者提供信息、技术服务。新三板是多层次资本市场体系的重要组成部分，是这个金字塔体系的基础层次，主要服务于创

新创业型中小微企业，其具备以下五大功能：价格发现功能、股份转让功能、定向融资功能、规范治理功能和并购重组功能。

（一）价格发现功能

场外市场通过做市商等交易制度为挂牌公司实现连续的价格曲线，使挂牌公司价值得以充分反映。

中小微企业融资难的一个重要原因在于定价难，没有市场价格，投资人就不知道该用多少钱买企业股份，必须由市场发现并定价，投资者才好去投资，中小微企业才能融到资。在制度相对完善的市场环境中，要使创新力强、成长性高的企业内在价值被发现和充分体现，并对企业进行市场估值定价，这方面做市商能发挥重要作用。

在我国，由于主板主要为传统产业的公司服务，这些公司未来的业绩波动相对容易预期，公司价值容易判断，投资者直接根据上市公司披露的信息进行估值即可；而新三板为创新公司服务，包括科技创新、文化创意、商业模式创新公司，这类公司未来业绩波动剧烈，上市公司披露的信息很难准确反映公司未来，一般投资者没有能力自行、直接对创新公司进行分析。尽管可以要求这些公司加大信息披露力度，但实际上作用有限，这时就需要有"专家"提供专业的估值，尤其是如果这些专家本身就是公司上市的保荐机构的时候，他们在特殊的制度约束下，"被迫"将其对创新型上市公司价值的分析结果如实披露出来，以双向报价的形式体现，而做市商正是这样的专家。

做市商能够依据市场行情不断进行双边报价，可形成较合理的价格，抑制价格被操作，具有价格发现的功能；在证券市场上某些特定证券的价格出现较大波动或买卖指令不均衡时，做市商可利用自有资金及证券，通过调节该种证券的市场供求以调节其价格，维持股票价格的稳定性和连续性，从而保持市场的流动性，达到稳定市场的目的；做市商制度下形成的股票价格通常能较全面地反映该股票的信息，同时做市商也会积极推荐前景好的股票挂牌上市，这就加强了有效市场的形成。

（二）股份转让功能

挂牌公司股份可在全国性场外市场公开转让，获得流动性溢价。

新三板全称"全国中小企业股份转让系统"。现在很多企业达不到上市的要求，所谓上市就是指在主板、中小板或创业板上市。国家为了让这些企业能够更好地融资发展，建设了新三板，类似上市板块，但上市条件宽松许多，目的是给发展前景好的企业提供一个正规的融资平台。所以，股权转让只是新三板的一种交易模式。

（三）定向融资功能

挂牌公司可在全国性场外市场通过定向发行股票、债券、可转债、中小微企业私募债等多种金融工具进行融资，拓宽融资渠道，改善融资环境。

为契合创新型中小微企业发展需求，新三板改善了其融资约束，有助于缓解其目前过度依赖银行间接融资的问题，不再仅仅依靠银行贷款和政府补助，拓宽了创新型中小微企业的融资渠道。更重要的是，凸显基于企业信用的融资效应，凸显有科技含量、高成长性但无有效资产抵押担保的高新技术企业的内在价值，会因为新三板制度性保障，吸引创业或股权投资机构投资，这对改善创新型中小微企业早期发展的融资约束更为有效。

自新三板扩容以来，为挂牌公司整合和提供多元化的融资渠道的作用正在显现。据2014年数据显示，全年总融资金额为132亿元，是2013年全年融资总额 10.02 亿元的 13.1 倍，其中有挂牌同时发行融资，也有挂牌后发行融资。这里不妨看一个定增融资的例子：

北京同创九鼎投资管理股份有限公司（下称九鼎股份）2014 年 4 月 23 日在新三板公布《公开转让说明书》，并即将挂牌。《公开转让说明书》显示，九鼎股份 2011 年、2012 年、2013 年 1～10 月的净利润分别为 698.39 万元、3564.16 万元和 4390.73 万元。据中国领先的金融数据和分析工具服务商万得资讯统计，截至 2014 年 9 月 18 日，早盘正常交易的新三板股票达到 50 只，其中 4 只股票的成交额突破 100 万元，6 只涨幅超 10%。值得注意的是，九鼎投资上演王者归来戏码，早盘成交额达到 1103.81 万元。

在九鼎股份挂牌前的定增融资中，九鼎股份独创了"管理公司股权置换 LP 基金份额"模式，成为此次九鼎股份挂牌材料中最为引人关注的亮点。对于 LP（客户）而言，退出灵活、收益补偿，加上转板上市的预期，无论如何都比"押宝"一个基金份额更具吸引力，这或许是 LP"踊跃认购股权"的真正原因。

九鼎股份为昆吾九鼎投资管理有限公司（下称昆吾九鼎）的母公司。九鼎股份的业务基本通过昆吾九鼎实施，报告期内 99% 以上的营业收入来自昆吾九鼎。2014 年 4 月 24 日发行股票并挂牌后，九鼎股份总股本为 1829.799 万股，其中 822.02 万股可转让。

九鼎股份定向增发的对象主要为三类投资者：一是九鼎股份的中高管；二是过往的 LP；三是其他战略合作伙伴。其中大部分定增对象是昆吾九鼎所管理基金的过往 LP。这些 LP 向九鼎股份增资的方式是，以他们持有的基金份额估一个基础的值，置换成在九鼎股份中的股份，这样 LP 就变成了九鼎股份的股东。

2014 年 4 月 24 日股票发行前，九鼎股份（实际为昆吾九鼎）在基金中缴付出资比例约为1%，LP出资比例为99%。在上述置换完成后，九鼎股份在基金中缴付出资比例增加到约23%，LP出资比例降至77%。这样处理的结果是，九鼎股份的收入中来自LP的管理费和管理报酬的收入将相应减少，投资收益则将大幅增加。这次九鼎股份置换的LP份额超过30亿元。这也意味着九鼎股份定向融资只获得了来自高管认购的不到5亿元现金；其余都是LP以基金份额来认购，并且LP认购得很踊跃。

对于这一置换模式的由来，九鼎股份监事人士认为这是和LP"碰撞"出来的结果。LP希望参与九鼎股份这轮增资，也看好九鼎股份的业务增量和未来上市前景；九鼎股份管理团队不缺现金，更希望获得基金所投项目未来的退出收益。对于LP所持基金份额的估值方法，九鼎股份监事会主席康青山称，入股价格与基金份额估值是双方协商定价的结果，主要是参考了LP持有基金的长短，而对基金投资组合的估值情况则相对次要。

上述置换模式背后的逻辑是，LP更看好九鼎股份作为"PE第一股"未来的上市前景，而九鼎股份更看好其所投项目的上市前景，双方对收益的不同预期"撮合"了这一模式成型。

对2014年4月24日的定向增发融资，九鼎股份也向新增资股东做出了收益补偿承诺：如果收益达不到某一水平，九鼎股份将向其予以补足。如果公司挂牌三年后股价较为低迷，使得本次新增出资人收益低于底线，则须向出资人予以补偿。

《公开转让说明书》显示，2014年2月，九鼎股份以每股610元的价格向138名股东发行股份5797990股。其中向7名原股东发行股份450530股，向131名新股东发行股份5347460股。这轮私募融资中，九鼎股份共融资35.37亿元。

图2-1是2014年4月30日挂牌时与2014年7月增发募资后对比图。

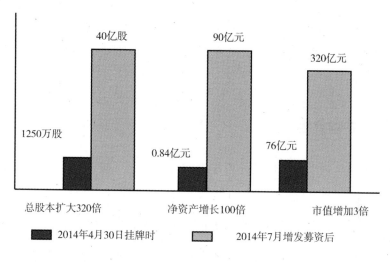

图 2 - 1 九鼎股份挂牌时与增发募资后对比图

另据 2015 年数据显示，2015 年 2 月 12 日定增融资的 9 家公司（汉博商业、森瑞新材、康耀电子、智合新天、广安生物、东芯通讯、楼市通网、轩辕网络、聚利科技）定增发行总金额达 1.33 亿元。在这 9 家企业中，森瑞新材的发行金额最高为 5000 万元，康耀电子发行金额最低为 250 万元，其他大部分企业的融资金额在 2000 万元以内。

（四）规范治理功能

挂牌公司在申请挂牌时需经主办券商、会计师、律师等专业中介机构辅导规范，并接受主办券商的持续督导和证监会及全国股份转让系统的监管，履行信息披露义务，因此公司治理和运营将得到有效规范。

按照规则要求，在新三板挂牌的企业必须业务明确，产权清晰，在专业化机构的指导下进行股改和规划，建立规范的公司股权结构和治理结构，明确所有者与管理层权责关系，夯实管理基础，推进制度体系建设，建立有效的制衡机制和信息披露制度，保证了企业经营管理的规范化和制度化，增强了企业发展后劲。规范化过程，就是将初创期创新型中小微企业经营管理提升到一个新水平。

（五）并购重组功能

挂牌公司可借助全国性场外市场通过兼并收购、资产重组等手段加速发展壮大。

新三板作为资本市场，一个强大的功能是整合交易功能，通过风险投资等各类资金进入，开展股权置换交易，推进企业收购兼并和战略重组，进而盘活企业存量资产。这种交易整合往往不是一次完成的，是一个持续过程，可推动成长性强、有核心竞争力、效益好的企业实现跨越式发展。这一过程，能将过剩流动性引向实体经济，支持企业科技创新和产业升级。

新三板的五大功能对创新创业型中小微企业发展至关重要。与发达国家资本市场自下而上、自然演进的发展路径不同，即从场外逐步发展到交易所市场，我国与之相反，是自上而下、行政推动而成的倒金字塔结构，因而存在着结构性不完善的地方。对于量大面广特别是创新创业型中小微企业发展，新三板的上述重要功能，将发挥更突出的作用。

三、百舸争流，挂牌企业数量直逼主板

新三板自 2013 年底挂牌公司 356 家，2014 年底挂牌公司数量达到 1572 家，2015 年 5 月 12 日挂牌公司达到 2395 家。正所谓"百舸争流千帆竞，乘风破浪正远航",挂牌企业数量直逼主板;同时,新三板挂牌显示出逐步常态化的趋势,这也给 2015 年的整个资本体系建设带来了新的期待。

(一) 9 家公司已成功转板至主板或创业板

2014 年 1 月 23 日,创业板新股安控股份的顺利 IPO(首次公开募股),再次激发了新三板公司的兴奋点。因为这是新三板历史上第 9 家成功转板的公司,也是新三板实现全国扩容后的首家通过 IPO 上市的挂牌公司。据相关数据统计,包括安控科技在内,当时相继有 9 家新三板挂牌公司成功转板至主板或创业板,包括世纪瑞尔、北陆药业、久其软件、博晖创新、华宇软件、佳讯飞鸿、东土科技、粤传媒等,它们通过 IPO 合计募集资金 44.17 亿元。

上述 9 家转板企业均采用以前的转板操作套路,即证监会接受上市申请之后,先在股转系统暂停交易,待正式获得证监会新股发行核准之后,再从股转系统摘牌。另外,在当时 A 股的 IPO 候审队列中,已经潜伏了多家新三板挂牌公司,包括合纵科技、海鑫科金、康斯特、双杰科技等。同时,正在新三板挂牌的多家公司已有若干家透露出转板计划,包括现代农装、大地股份、金和软件、盖特佳、中科软、绿创环保等。新三板将培育一大批优秀的拟上市公司,成为公众投资者青睐的投资首选标的。

(二) 现代农装超 5 亿元募资额,堪比 IPO

新三板史上募集资金总额、单笔募资总额最多的企业,是现代农装科技股份有限公司。2014 年 1 月 23 日,该公司通过定向发行股份 4000 万股,募集资金 3.24 亿元。额度之大,不仅创下迄今为止新三板的单笔定增募资之最,也直逼创业板和中小板 IPO 的融资水平,一改外界对新三板"交易不活跃"的刻板印象。

事实上，现代农装是一直以来最有"转板"预期的新三板公司，其早在 2008 年 3 月就进行了第一轮定向增资，金额为 5500 万元；2011 年 8 月又完成了第二轮定向增资，当时是以每股 6 元的价格向 40 名对象发行了 3000 万股，实际募集资金 1.8 亿元。也就是说，加之此次第三轮定向增资募得的 3.24 亿元，于 2006 年 12 月 8 日挂牌新三板的现代农装，通过新三板累计实现了三笔总计 5.59 亿元的募资计划，刷新了此前北京中海阳 4.881 亿元的"新三板史上募集资金总额"的纪录。

（三）超八成来自制造业和信息技术业　行业限制逐步放宽

根据新三板的官方口径，2014 年挂牌新三板的公司，高新技术企业占比超过 77%，广泛分布于高端制造业，信息传输、软件和信息技术服务业，文化、体育和娱乐业，科学研究和技术服务业等领域。据有关统计显示，制造业企业达到 335 家，占比超过 50%；其次是信息传输、软件和信息技术服务业，有 202 家，占比 31%。此外，来自科学研究和技术服务业，文化、体育和娱乐业，建筑业，农、林、牧、渔业，计算机，采矿业，租赁和商务服务业等行业的企业也不在少数。

在新三板超过半数的制造业企业中，初步统计发现，来自医药制造、电子信息制造、特种设备制造、工业自动化等新兴成长型领域的企业也占据半数以上，这与新三板服务于创业、创新、成长型企业的目标不谋而合。

新三板在 2014 年全国扩容以后，也出现了一些新的行业，比如以湘财证券、财安金融为代表的金融业；以海格物流代表的交通运输、仓储和邮政业；以远大股份代表的教育业。这些行业此前并不在新三板的挂牌范畴，但随着扩容新政的实施，不仅区域限制淡化了，连行业属性也逐渐放开，这进一步表明了新三板服务中小微企业的决心。

（四）京沪鄂粤苏位列前5大挂牌区域　川浙上升空间大

在2006年第一家新三板公司（世纪瑞尔）挂牌的时候，新三板只是一个面向北京中关村的小试点。2012年8月，新三板试点园区从北京中关村扩展到上海张江高科、武汉东湖和天津滨海3个国家级高新园区。2013年12月，国务院下达了新三板试点扩大至全国的决定，正式开启了新三板作为全国性股份转让系统的角色转换。

在截至2014年2月底的649家新三板挂牌企业中，北京、上海、湖北、广东和江苏的数量最多，分别达到266家、82家、46家、45家、44家，天津、山东、辽宁、安徽、河南、四川和浙江也分别达到26家、20家、15家、15家、12家、11家和10家。此外，甘肃、海南、吉林、山西4个省份当时仅分别挂牌各1家，未来有望快速增长。

按照新三板的设立初衷，全国高新区是其主要服务对象，因此，全国扩容的消息传开后，各大高新园区进入高度备战状态，相继推出100万~300万元不等的挂牌补贴政策，这使得2014年1月、2月的挂牌数量急速增加294家。全国扩容后，挂牌公司实际上已经突破了高新园区的限制，非园区企业挂牌新三板的不在少数，包括深圳宝安区的易事达、江苏宿迁市的箭鹿股份、上海闵行区的南安机电、天津武清区的中瑞药业、广东江门的聚科照明、江苏徐州的中矿微星等。从注册地址来看，这些公司非高新园区企业，却同样得到了监管层与投资机构的认可。

（五）总股本在2000万元以下的企业占新三板半壁江山

新三板挂牌公司的总股本方面，据统计649家企业中总股本在1亿股以上的企业有21家；8000万股至1亿股的企业有13家；5000万~8000万股的企业有 80 家；3000 万～5000 万股的企业有 145 家，占比 22%；2000 万～3000 万股的企业有 76 家，占比 12%；1000 万～2000 万股的企业 201 家，占比 31%；1000 万股以下的企业 113 家，占比 17%。

尽管新三板的挂牌门槛极低，也没有任何盈利要求，对企业注册资本金也没有设限，但是并不是所有公司都适合挂牌新三板。数据显示，649 家企业中并没有注册资本金低于 500 万元的企业，且仅有 39 家企业的注册资本金为 500 万元。

（六）申银万国成新三板最大赢家

迅速扩容的新三板，不仅成为中小微企业的热门融资渠道，也为券商、投行提供了业务平台。尤其是在 IPO 关闸的 2013 年，各大券商机构纷纷设立私募融资部，拓展新三板挂牌业务，以期为企业提供更周到的服务。券商对新三板企业的收费主要来自于挂牌费用、增发承销和交易费用，虽然比不上 IPO，但是在多元化资本市场体系建设日益完善、券商投行业务竞争日趋激烈的环境下，很多券商也加大了对新三板的投入力度。

据统计，截至 2014 年 2 月底的 649 家新三板挂牌企业，共有 70 家券商投行参与分羹。其中，由申银万国推荐的项目多达 81 个，占比 12%，遥遥领先于其他 69 家券商；国信证券、广发证券、中信建投、齐鲁证券和长江证券则位列第二梯队，分别推荐了 37 个、34 个、32 个、32 个和 30 个项目；西部证券、光大证券、东吴证券、中原证券和东北证券则位列第三梯队，分别推荐了 24 个、22 个、22 个、18 个和 18 个项目。

与此相对的是，一些在 IPO 领域表现强劲的大牌券商，在新三板的表现却较为平淡。比如平安证券仅持有两个新三板项目，中银国际和民生证券也分别只有一个新三板项目。此外，国元证券、中信证券、兴业证券、国海证券和信达证券等全国性 IPO 券商所推荐挂牌的企业数量也都在个位数。

2014 年新三板扩容至全国、交易结算系统上线、做市商制度落地等大事件无不成为多层次资本市场发展建设的亮点。全年新三板企业数量、融资规模、并购数量等都实现了迅猛增长。2015 年，新三板即跨入了下一个阶段。

（七）2015 年初的新三板情况

至 2015 年 5 月 13 日，新三板挂牌公司已达到 2395 家。2015 年，新三板还会继续丰富市场融资工具，推出新三板指数和做市股票指数。

综上所述，新三板市场的运用情况良好，其发展方向是符合市场需要的。同时，从监管层对新三板的期待和设立初衷来看，新三板服务于创新、创业、成长型中小微企业，是未来资本市场的基石，无疑，这里将诞生一大批优秀的、伟大的公司。

市场的发展以及成熟有其自身的逻辑性，新三板未来还有很长的路要走。因此有专家指出，从四板到三板，再到主板上市，企业应该可以根据实际发展需要选择更合适的市场上市，建立畅通的转板机制和渠道，无论是对企业发展还是完善多层次资本市场体系都非常重要。转板机制不畅通，如鲠在喉，会影响市场功能的发挥，建立畅通的转板机制，是衡量一个市场是否走向成熟的标志，也是促使我国多层次资本市场进入良性循环的一个重要环节。

第三章 面对"新三板",中小微企业运筹之道

面对新三板,中小微企业的运筹之道在于:从理性的角度定位新三板,判断在新三板挂牌的必要性;致力于打造自己的企业核心竞争力,准备好制胜新三板市场的砝码;运用互联网思维,设计出能够与互联网模式相契合的产品;把握转板立足点,实现与场外市场的无缝对接;做市商制度对券商来说是个新的挑战,券商要发挥应有的作用,以实现与挂牌企业的双赢。

一、挂牌上市,企业如何考量新三板

新三板扩容以后,为企业经营实现跨越式发展提供了可能,但这种可能并非所有企业都有。从理性的角度分析,"新三板"市场目前正处于爆发式增长的初期阶段,通常在这个阶段,企业的挂牌门槛相对较低,挂牌时间相对较短,挂牌成本相对较少,政策措施相对优惠。将来一旦"新三板"进入成熟发展阶段,企业的挂牌门槛将会提高,挂牌时间将会延长,挂牌成本将会增加,政策优惠措施也会减少。因此,相对来讲,现在是企业挂牌"新三

板"的最佳时期。另外，通过挂牌"新三板"，虽然政府部门可以体现政绩，中介机构可以提高收入，但中小微企业及其股东才是其中最直接、最长远的获益者，中小微企业可以利用"新三板"这个平台实现持续、稳定的发展，并最终将发展成果回馈自己的股东。

因此，面对激烈的竞争环境，企业必须全面考量新三板的利与弊，然后结合自身情况，判断在"新三板"挂牌的必要性。

（一）企业在新三板挂牌上市的有利因素

新三板不仅开辟了中小微企业融资渠道，也有助于中小微企业各方面综合能力的提升。具体来说，企业在新三板挂牌上市有以下六个方面的有利因素。

一是提升企业的市场价值。企业提升自身的形象和品牌价值有三种方法：广告、营销和建立口碑。其实，中小微企业上市对企业品牌传播效应有巨大的帮助。中小微企业在资本市场挂牌，表明企业的市场潜力、发展前景以及成长性都得到了广泛的认可，这本身就象征着名誉，对中小微企业建立品牌知名度帮助很大。中小微企业上市，也意味着企业的规范化管理得到了监管部门的认可，表明企业经营风险较小，管理较为规范。其广告效果可使企业快速在行业中引人注目，吸引市场的关注度。更重要的是，每天的交易、涨跌，是广大投资者需要关注的公司情况；有关媒体对上市公司开拓新业务、资本运作新动向的追踪报道，能够帮助企业吸引到更多投资者的关注；机构投资者和证券分析师对企业的实时调查、行业分析，能够进一步挖掘企业的潜在价值。

二是提高企业的股权价值。中小微企业在"新三板"挂牌后，和主板市场上的企业一样，相当于为企业资产的证券化提供了一个交易平台，增加了公司股票的流动性。在新三板市场挂牌交易，能够帮助企业的价值被投资者发现，实现股权价值的增加，为企业股东带来高额的溢价财富，并可以在证券市场上变现。而且，企业所有股东都可以将自己所持有的股票出售套现。

三是增加了企业的融资渠道。中小微企业在新三板上市，可以在资本市场上进行融资，使公司资产价值得到大幅增加，原始股东的价值也会得到最大的体现。例如上市前1000万元的价值，上市后有可能达到上亿甚至数十亿，并且可以随时在市场套现，实现投资收益。此外，中小微企业上市融资不需要支付利息，进而有效地增强了企业创业与创新的动力。借助新三板市场融资，有助于中小微企业解决融资难的困境，获得长期稳定的资金，帮助企业改善资本结构。股权融资"风险共担，收益共享"的独有机制也有助于中小微企业实现股权资本收益的最大化。增发、配股等其他方式的上市后融资，也可以帮助企业实现低成本的持续融资。利用新三板市场进行融资，可使企业的资产价值成倍甚至数十倍地增加，创业者和其他股东的价值也可得到最大程度的提高。

四是使公司治理结构更加完善，管理更加规范。中小微企业在新三板挂牌上市，都需要将纳税行为规范化，明晰产权关系，完善公司的治理结构，创建现代企业制度。即使新三板上市后，企业的工作重点仍然会围绕资本市场，完善公司治理结构、规范企业管理、实现规范化发展是公司未来持续的发展目标。中小微企业上新三板之前，首先要对企业内外部环境进行分析，并分析自身情况和优劣势，找准定位，使企业发展战略清晰化。上市进程中，律师事务所和会计师事务所等众多专业机构会为企业出谋策划，经过对企业资产、负债等财务情况和法律情况进行分析，帮助企业明晰产权关系，规范纳税行为，完善公司治理结构，建立现代企业制度。此外，企业上市后的退市和被并购风险，能促使企业高管人员更加诚实信用、勤勉尽责，促进企业持续规范发展。中小微企业上市后建立的以股权为核心的、完善的激励机制，也有助于吸引和留住核心管理人员以及关键技术人员，为企业长期稳定发展奠定了基础。

五是新三板上市后，可转板上市。中小微企业在新三板上市挂牌后，会发展壮大成为有较强竞争力的企业，经过一段时间的发展，从一个初创型、快速成长型企业发展成为一个成熟型企业，达到中小板、创业板甚至主板上市条件，继而可以转板，在更大的资本市场上融资，使企业依托资本市场更好地发展。资本市场是每一家企业都应该去经历的，因为只有经过市场考验、被市场认可的企业才是真正的优秀企业。资本市场总是喜欢有实力的强者，不会怜悯弱者，弱者只会在更规范、更透明、更加公平的环境中被强者淘汰，这就是资本市场的企业生存规则。

六是可以享受更多的优惠政策。以目前北京中关村为例，上市新三板的先决条件就是通过国家高新技术企业认定。通过国家高新技术企业认定的企业在中关村可以享受以下优惠政策：

税率政策	凡经认定的高新技术企业，企业所得税税率为15%，可以连续3年享受此优惠，3年期满后可以申请复审，复审通过后可以继续享受3年税收优惠，一共6年
人才政策	应届毕业生应聘于中关村科技园区的高新技术企业，可以直接办理北京市常住户口。来京投资企业的高级管理人员子女在京参加高考可与北京籍考生同等对待。市财政预算中安排专项资金，用于软件企业高级管理人员和技术人员兴办高新技术企业或增加本企业资本金投入一次性购买住房、轿车的资金补助，补助标准不超过个人上年已缴纳个人所得税的80%
财政支持	经认定的高新技术企业，更容易获得国家、省、市各级的科研经费支持和财政拨款，高新技术企业将会是众多政策性扶持的一个基本门槛
能力提升	高新技术企业认定，将有效地提高企业的科技研发管理水平，重视科技研发，提高企业核心竞争力，能为企业在市场竞争中提供有力的资质，极大地提升企业的品牌形象

（二）企业在新三板挂牌上市的不利因素

新三板挂牌有好处也有一些不利因素,中小微企业尤其要认真分析这些不利因素的影响,采取稳妥策略,将风险降至最低。

一是信息公开影响企业经营管理。中小微企业挂牌新三板后,作为公众公司,公司的财务、经营情况、法人治理结构、内控制度等需要按规定进行公开披露,而且这些信息必将给企业经营管理带来一定影响。一方面,管理层要确保业绩要求,另一方面,企业基于规范化管理要求,在财务数据上进行调控的可能性会大大减少。

二是增加了企业的费用支出。中小微企业新三板挂牌工作,预计需要付给主办券商和中介机构一定的费用,预计主办券商的挂牌费用在 80 万 ~ 120 万元,律师事务所和会计师事务所费用合计达到 50 万 ~ 70 万元,对于中小微企业来说,是一笔金额不小的开支。在新三板挂牌后,每年还需向交易所和主办券商缴纳一定的费用,这必将给缺少资金的企业增加资金支出压力。

三是降低了企业在创业板或中小板 IPO(首次公开募股)的灵活性。中小微企业在新三板挂牌后,财务报告、经营状况等都要公开披露,这些信息公开后是无法更改的,这就减少了企业今后在创业板或中小板 IPO 的灵活性。企业如果不在新三板挂牌,在 IPO 时,多数企业会在保荐人、会计师等中介机构建议下,对某些方面进行调整,以及进行一定程度的包装,其更具灵活性。

四是核心人员会在出售企业股份后离开公司。中小微企业新三板挂牌后,企业的股份持有人就有了一个转让股份的渠道,核心管理人员或技术人员在转让公司股份后,企业对于这些核心人员的吸引力便会降低,造成企业经营者和所有者利益不一致局面，会促使核心人员离开公司。即使核心人员不离开公司，未来企业已不能给他们带来巨大利益，也就难以有效调动他们的工作积极性。更有甚者，面对未在新三板卖出股份的人员，若获得巨大收益，会产生严重心理失衡，从而影响团队合作，给企业长期稳定发展带来重大不利影响。

综上所述，中小微企业是否应在新三板上市挂牌，还要看企业的自身情况以及挂牌的目的。基于"新三板"能够对挂牌企业带来上述诸多积极作用，相信符合挂牌条件的中小微企业会做出自己的分析和判断，正确地认识挂牌过程中所付出的时间成本及财务成本，能够以更加积极的态度迎接"新三板"、更加高涨的热情参与"新三板"。

二、寻根找魂，企业核心竞争力是关键

中小微企业是否挂牌上市新三板，关键在于企业自身是否具有核心竞争力。企业核心竞争力是企业采取战略决策的根本依据，也是制胜商场的决定性因素。同样道理，企业是否具有核心竞争力，不仅是挂牌上市的资格考量，也决定了企业在新三板市场能否顺利实现预期目标。

所谓企业核心竞争力，就是企业的决策力，它包括把握全局、审时度势的判断力，大胆突破、敢于竞争的创新力，博采众长、开拓进取的文化力，保证质量、诚实守信的亲和力。其内容构成如下表所述：

具备创新的技术	企业是否具备创新技术往往对其发展有着决定性作用。技术创新，它要求实现的是产品的功能性、独特性以及超越行业平均水平的尖端性。这种优势的技术，会为企业带来超过普通企业的客户关注度以及市场广泛度
具备创新能力的人才	即便是在信息时代，各种智能化设备的出现大大降低了对人力资源的要求，但是具备创新能力的人才依旧是这个时代不可多得的财富。因为创新技术最终也必须是由有创造才能的人才来完成开发设计，所以在一个企业中，创新人才始终是一个企业能否引领行业潮流最重要的因素，它是企业构建核心竞争力的必要条件
优秀的企业文化	企业文化，同样属于抽象意识的范畴，与一些生产要素相比，企业文化的价值往往是很难被评判的，尽管如此，在现代化的企业制度中，企业文化的地位却是被普遍认可和尊重的。这是因为，一个企业的文化内涵，影响着企业的管理工作、人才队伍建设的水平等较为具体的方面。当前，一个企业是否具备优秀的文化，已经不再是企业内部员工重视的问题，越来越多的消费者在选择产品时，会考虑到一个企业的文化。这是因为，一个有着优秀文化内涵的企业，它会在社会责任承担、质量安全等方面获得消费者的信任，这是企业建设重要的软实力
品牌影响力	品牌是市场竞争加剧的产物，越来越多的企业重视品牌战略的打造。在商品高度趋同的今天，消费者已经很难从使用价值的层面来判断究竟哪一种产品是满足自己需要的，使用价值已经成为一种较低层次的需求。品牌是一个企业的产品区别于其他企业产品的重要标志，它也是表示企业文化、价值、特色的符号。在现代社会，品牌影响力意味着财富的积累程度，拥有广泛影响力、口碑良好的品牌对企业的发展有着至关重要的作用。品牌的建立是一条漫长积累的道路，但是毁灭品牌却是朝夕之间的事，所以，品牌影响力的打造，需要企业长期的坚持

企业核心竞争力是制胜新三板的根本保证。为此，需做好以下六项工作，以打造核心竞争力。

（一）企业运作需规范

中小微企业容易在生产经营规范、资产权属、环保、税务、"五险一金"等方面出现问题。如公司变更为股份有限公司时，未按要求进行验资，导致注册设立存在瑕疵；租用的厂房产权手续不完善，其生产基地租赁方尚未取得合法的土地证和房产证；连续因环保项目违规，遭到项目所在环保部门的处罚；采用内外账方式，利润并未完全显现，挂牌前面临税务处罚和调账；在报告期内按当地社保缴纳基数下限给员工缴纳社保，而非法律规定的实际工资，并且未严格执行住房公积金管理制度。出现这样的问题，企业一定要明白：彻底解决问题、切实规范运作才是根本，才是万全之策。

（二）主营业务要突出

通常情况下，公司的主营业务收入应当占总收入的70%以上，主营业务利润应当占利润总额的70%以上。比如以软件开发为主营业务的企业，旗下有从事文化传媒的小规模子公司，这些子公司与公司的主营业务并没有紧密联系，应当对其进行重组，使公司集中于主业。

资产重组一般遵循以下原则：一是符合公开、公平、公正原则，如重组的资产一定要有第三方机构进行评估，出具评估报告书；二是符合现行有关法律、法规原则，如《资产重组方案》要股东大会审议通过；三是有利于公司形成清晰的业务发展战略目标，合理配置存量资源；四是有利于突出公司主营业务，形成核心竞争力；五是有利于提高公司盈利能力和持续发展能力。

（三）持续经营有保障

虽然新三板挂牌条件中并无明确的财务指标要求，对企业是否盈利也无硬性规定，但企业的持续经营要有保障，即企业经营模式、产品和服务没有重大变化，在所处的细分行业有很好的发展前景。

要解决这一问题可以从三个方面入手：首先，委托专业的咨询机构对产品和商业模式进行合理定义和重构；其次，业务要配合专利申请、知识产权保护、专家鉴定等活动，特别是要把有针对性的科技查新资料作为补充材料提供给监管机构，尤其是技术的未来趋势及可替代性技术优劣势的分析；最后，行业数据推理过程要清晰，要有翔实的调研工作底稿。

（四）财务处理要真实

财务数据直接反映了企业的经营业绩。企业应在尊重客观事实的基础上尽可能给出合理解释。例如，如果企业的原材料价格受国际市场影响较大，则对企业运营而言是一种很大的不确定性，但如果企业能对自己的风险转移能力给出有说服力的论证，则"原材料价格波动大"不但不会对企业经营业绩带来负面影响，反而体现了企业的一种竞争优势。另外，针对公司的销售费用率大幅低于同行业，公司的流动比率较同行业公司高，而资产负债率较同行业低等问题，主管部门都会要求企业做出合理的解释。

（五）完善治理结构，提高治理水平

企业挂牌新三板并不单单是由有限责任公司改制为股份有限公司那么简单，而是一项系统工程。依照新三板的有关规则，企业挂牌的前提是治理机制健全、股权关系明晰，因此应完善企业的管理制度，明确企业的管理职责，形成一套符合规定的信息披露制度。这些规则从短期来看，可能会给企业带来一些不适和困扰；但是从长远来看，不仅能够很好地促进企业健康、持续、稳定地发展，而且能够使企业的决策层跳出日常琐碎的管理事务，把更多的时间和精力放到企业的重大决策和战略规划上来。同时，规范的企业运作，也会使企业家在与其亲属之间进行的交接、传承变得更为便捷。

（六）提高企业的知名度、美誉度、吸引力

企业由有限责任公司改制为股份有限公司，股份有限公司再挂牌新三板

本身已经向市场昭示了公司优良的质地、规范的治理和光明的前景，这个市场昭示不仅可以在形式上大大提高公司的知名度和美誉度，而且在实际上大大增加了公司的吸引力，将为公司增加市场交易机会，吸引一批高素质、高水平人才奠定坚实的基础。

总之，中小微企业要想挂牌新三板，顺利完成融资，获得新的发展，必须寻根找魂，从根本上解决问题，致力于提升企业的运营能力和综合治理水平，打造核心竞争力。

三、把握互联网思维下的"新三板"商机

这是一个数据爆发的时代，更是一个移动互联网的时代，真正需要被重视的应该是产品生产者的跨时代视野和创新能力。股权投资如果能够把握互联网思维下的新三板商机，在设计产品时能够增强其与互联网金融模式的契合，就能发挥出将一个用户发展为 1 + N 个用户的企业魅力，使资本市场上的各方达到多赢的局面，从而促进我国多层次资本市场体系更具活力。

（一）简述互联网金融模式

互联网金融相对于传统实体金融，表面上看像小作坊相对于大工厂，但是由于其地域不受限制，用户获取与操作成本低，可利用自身灵活多变的特质更精确地捕捉金融需求，实际上实现了个性化、多样化基础上的规模经济。互联网金融模式具有以下三大特征：

移动支付	移动支付也称为手机支付,就是允许用户使用其移动终端(通常是手机)对所消费的商品或服务进行账务支付的一种服务方式
P2P 模式	P2P 即线上存贷方式,是指个人通过网络平台相互借贷,即由具有资质的网站(第三方公司)作为中介平台,借款人在平台发放借款标的,投资者进行竞标向借款人放贷的行为
众筹融资	众筹,即大众筹资,是指用"团购+预购"的形式,向网友募集项目资金的模式。众筹利用互联网和 SNS 传播的特性,让小企业、艺术家或个人向公众展示他们的创意,争取大家的关注和支持,进而获得所需要的资金援助

(二) 新三板与互联网金融模式对接的内容

新三板可与互联网金融模式对接,主要针对新三板市场的服务功能。具体包括以下三种形式:

P2C 模式	将个人网络贷款与企业股权投资合理设计,相互结合,优化资金在使用环节的配置,此环节还需对股权质押等业务进行合理嵌入
服务嵌入	服务嵌入可以考虑两种形式:一是可以将咨询服务整合到互联网金融模式,可进行链接、邀约洽谈等;二是在互联网金融模式中嵌入投行业务,为消费者提供各种关联方、资质方的服务,设计好相关费用等
风控与担保	将专业的团队致力于股权投资市场的风险控制,建立核心风控系统,为自身业务保驾护航,更可将此作为服务扩大行业影响力,同时进军担保业务及其他第三方业务

(三) 可以考虑的互联网新三板股权投资方式

所谓互联网新三板股权投资,就是指将新三板股权投资相关产品和服务多元化植入互联网的新型投资模式。

多元化指的是产品和服务内涵的多元化，不仅仅在单个标的企业的股权上下功夫，更要在新三板市场的全方位服务上下功夫，健全服务体系，扬长避短，建立核心竞争力，尤其在风控团队和投行队伍的培养上，立足整体和长远，使企业游刃有余，进退自由，将系统性风险的影响规避到最小。

在互联网新三板股权投资方式中，纵向上，产品及服务的进度要即时随网上平台进行更新，真正实现让关注者知情、投资者了解全面，共树行业间规范；横向上，要拓展支付渠道及支付安全、联合担保、财经媒体宣传、同业链接、合法信息认证、重大事件处理与及时推送、法律咨询协作等。

（四）"交互+交易"的互联网金融平台

做市商制度在流动性和提供估值方面给新三板带来了积极变化，而这些变化也将在数据分析、沟通咨询等方面对各方机构的工作构成挑战。随着挂牌企业翻倍增长，交易数据、财务指标等数据变化的频率将呈几何数增加，投资者如何能够以较低的成本、最快捷的方式获取这些数据，从而能够较为合理地对看好的项目进行分析呢？有些具备互联网思维的企业敏感地意识到了这一需求，纷纷开发自己的互联网产品，期望能够为新三板提供相应的服务，这些企业中以IT类企业居多，在开发技术上有着各自的特点。其中，北京一家名为中科互联的公司即将推出一款名为牛牛金融的互联网金融平台。

牛牛金融的开发团队是IT+金融专业组合，有着一流的技术开发成员和丰富证券从业经验的成员，提供的是"交互+交易"的互联网金融平台，是一个能够将上市公司和新三板挂牌企业进行充分对接的平台，是国内首款实名制互联网金融商务交互平台。该平台以信息发布、交流互动、专业点评、活动组织等为主要功能，旨在促进国内并购重组、市值管理、市场融资等业务的发展,解决市场上信息不对称的现状,提高金融市场的效率,从而更好地服务实体经济。

在牛牛金融平台中,新三板企业可以是用户,也可以是并购项目,作为用户新三板企业可以与投资机构、中介机构进行充分沟通,作为并购项目可以与上市公司、投资机构进行推介,充分考虑到了双重角色中的不同需求,满足了各方需求,大大加强了上市公司、投资者、中介机构与新三板企业的充分对接,加速了新三板企业的资本证券化步伐,对整个新三板市场的快速发展大有裨益。

所谓"穷则变、变则通",传统的营销模式越来越难以在大数据时代的今天为优质企业的优质产品寻觅好的目标客户,而且客户本身每天也在面对着大量信息带来的困扰,这是股权类产品销售效率每况愈下的客观原因和现实背景。这就要求每一家从事股权投资的企业在设计自己产品的同时,要联系其与互联网模式的切合程度,而不是一味地重视营销环节。

四、转板,找准立足点实现无缝对接

2014 年底新三板共有挂牌企业 1572 家,2015 年 5 月 12 日前为 2395 家。众多企业赴新三板挂牌,除了规范公司治理、实现融资需求外,另一个重要目的是看好未来的转板前景。转板成功的新三板企业中,粤传媒与久其软件采取先从"新三板"撤牌然后再以 IPO 的方式在中小板上市。世纪瑞尔、北陆医药 2010 年通过转板机制,直接从"新三板"转板至"创业板",为首批转板成功的"新三板"企业。2011 年 4 月,佳讯飞鸿紧随其后,将于创业板挂牌。

"转板制度"是多层次资本市场体系中各个层次的资本市场之间的桥梁，是资本市场中不可或缺的一项环节。无论是讨论多层次资本市场还是建设和完善更加成熟的金融市场体系，新三板上市企业事实上都不可回避资本市场转板制度建设的相关问题。事实上，转板制度是新三板给企业描绘的一个愿景，是吸引企业的一个亮点。

在转板制度出炉前，新三板需完善市场制度，提高服务质量，防止转板制度出台后企业纷纷离场。挂牌企业的问题在于，不转板上市能融到巨额资金吗？股份可以灵活转让吗？转板制度可以减少上市的审批环节，助力企业上市，专家建议，企业为了实现与资本市场的无缝对接，需立足于以下几个方面。

（一）转板制度既包括转向沪深市场，也包括转向四板

企业可以因地域、挂牌成本等原因主动转向四板，也可能因某种违规行为被动转向四板，并在一段时间后再次转回新三板。转向沪深市场意味着企业发展越来越好，转向四板却不代表企业陷入发展困境。完善的转板制度需考虑到向上转板和向下转板、主动转板和被动转板。按照重要性，笔者认为需先构建新三板与沪深市场的转板制度，再构建新三板与四板之间的转板制度，前者的重要性在于输送优质企业，起到示范效应，提升市场人气，后者可以开源，增加市场容量，也可以起到警示作用。在市场初创阶段，前者比后者更重要。

（二）转板的条件与程序

转板的条件既包括新三板的放行条件，比如企业在新三板的挂牌时间、

给新三板交纳的指导费用等，也包括目标市场的进场条件，比如企业规模、盈利能力、治理结构等。转板程序涉及更换主管部门、可以减免的审核环节，完成转板各环节所需的时间等，需要全面考虑。

（三）转板的方式

国外市场曾经广泛运用"介绍上市"方式。该方式侧重于交易所审查，可以减少监管部门的审核环节，因此对拟转板企业而言是利好。国内如果采用这种方式，一大批拟上市企业将在新三板过渡，绕过 IPO 的审核，毕竟在新三板挂牌的审核更容易通过，新三板的吸引力将大大提升。但是这种方式造成了不公平的上市标准，使一些不能直接达到沪深市场要求的企业，实现曲线上市，其中的权力寻租行为也给监管带来了困难。因此，介绍上市涉及新股发行体制改革，难度需与新股发行相当，并严格满足转板条件，防止制度套利。

（四）转板制度在整个市场制度体系中的地位

转板制度是市场运行的重要制度之一，但从制度的重要性和出台的先后次序看，转板制度可以排在做市商制度之后。做市商制度关系到流动性和活跃度，对提升市场人气很重要。相反，转板制度立足于长远，关系到企业和市场的未来发展，具有重要的导向性，因此需更加慎重。事实上，有的企业转板需求不是很大，当然少数企业一直期盼转板制度。因此，作为多层次资本市场的一环，转板制度不可或缺。

（五）其他转板途径

对企业来说，挂牌新三板最大的吸引力在于，登陆新三板的过程本身就是一个引导企业规范运行、完善企业资本构成的过程，有利于提高公司上市的可能性。事实上，自2014年1月24日新三板大扩容开闸后，新三板对中小微企业的吸引力日益明显。根据股转系统数据，目前新三板挂牌公司已经超过2600家，正在向2015年4000家的目标大关迈进。随着新三板影响力的日益扩大和资本市场各项制度的不断完善，新三板企业转板的途径也不再单一：

通过 IPO 转板	IPO是最为常见的转板形式。根据股转系统提供的数据，截至2014年5月底，已经有8家公司通过IPO的方式转板成功，它们分别是东土科技、博晖创新、紫光华宇、佳讯飞鸿、世纪瑞尔、北陆药业、久其软件、安控科技。其中，除了久其软件在中小板上市外，其余7家全部在创业板上市
被收购曲线上市	中小板的通鼎光电曾经和瑞翼信息同时发布公告，通鼎光电计划以每股15.70元的发行价，发行新股收购瑞翼信息51%的股权。而包括瑞翼信息在内已经出现了数起新三板挂牌企业被上市公司收购的案例
直接"对接"创业板	这一路径目前尚未实现，却被市场人士寄予厚望。虽然A股目前尚无先例，但在其他成熟市场，这类"对接"制度已非常成熟

总体而言，新三板挂牌和拟挂牌企业最好不要以转板为唯一目的。将来能顺利转板当然是件好事，但是不转板不意味着就不能发展壮大。很多中小微企业的规模不大，融资需求也不大，只要充分利用新三板的便利融资，也可获得发展所需的资金。对于这些企业，更重要的是规范运营，提高资金利用效率，提升业务能力。转板是发展到一定阶段才会考虑的问题，并不是当务之急。转板制度类似于一种期权，企业可以多一个选择机会，但不能顾此失彼。

五、如何通过信息披露吸引外部投资者

企业到新三板挂牌，开始从一家非公众公司走向公众公司，其信息披露环节对外部投资者具有重要意义。也就是说，只有及时准确地向市场展示自身治理结构的规范性以及经营优势、风险等信息，才能增强挂牌企业对外部投资者的吸引力。

上市公司中国神华能源股份有限公司（以下简称神华）在定期报告（年报、中报、季报）中增加了自愿性信息披露。一是对年报的封面进行精心设计，直观形象地讲述一个封面故事，使读者对神华当年的工作重点一目了然。二是在年报的"管理层讨论与分析"章节大幅增加内容，将公司的业务和财务状况分成煤、电、路、港、航五个分部进行描述，并且把业务和财务信息互相打通，向读者讲述业务经营的价值导向和财务数据背后的业务故事。一般而言，公司年报的篇幅大约为100页，而神华的年报篇幅近300页，用大量篇幅讲解各个业务板块，说明业务与财务的关系，目的是吸引像巴菲特那样的重量级投资者阅读神华的年报，产生对神华的投资兴趣。三是在年报的"经营环境回顾与展望"章节，每年都对宏观经济、煤炭行业、电力行业进行回顾与展望，回应资本市场对煤炭、电力行业的热点关切，帮助读者理解神华制定经营策略的背景。四是在年报的"经营计划"章节给出董事会制定的经营目标，包括定性和定量的目标，以及实现目标的工作措施，以方便读者预测公司来年的经营业绩。神华的信息披露效果非常好，每月数据公告后，机构投资者对公司的经营情况一目了然，不用与公司进行频繁沟通，节约了沟通成本。

新三板对于信息披露内容的具体要求是定期报告和临时报告,定期报告仅包括年度报告、半年度报告,重要的是对季度报告的披露没有硬性要求;临时报告方面,新三板对股东大会决议公告、董事会决议公告、监事会决议公告、对外投资公告等有披露要求,而对于一些涉及商业机密的重大事项是没有要求的。

事实上,挂牌企业进行及时、真实的信息披露,具有多方面的价值。

首先,从上市公司的角度看,自愿性信息披露是公司整体战略不可或缺的一部分,目的在于加强公司管理层与投资者的沟通,将有关公司核心竞争力的信息传达给投资者,使投资者了解公司现有的或潜在的竞争优势,从而对管理层的能力和公司的未来更具信心。

其次,自愿性信息披露能够促进上市公司治理结构的改善,从而减弱大股东对小股东的剥削。所有者与经营者利益冲突产生代理成本,代理成本中的监督成本、担保成本最终将由企业管理者来承担,管理者作为自利的经济人,通过自愿披露公司更多经营业绩和发展前景方面的信息,可获得所有者的认可,从而获得更高的回报。

最后,自愿性信息披露能够保证公司财务信息的完整性和可靠性。更多的信息披露减小了经理人员进行盈余管理的能力;能够为专业证券分析师进行盈利预测提供便利;由于财务报表不同部分之间的逻辑关系,更多的披露可以使投资者从不同的方面检查盈利预测的可信度;减少了为不准确的盈利预测进行解释的自由度。

从投资者的角度看,如果上市公司能够全面、准确、及时地披露所有与其投资决策有关的信息,那么投资者花费时间和金钱搜寻私人信息的动力将减少,搜寻成本将下降。由于私人信息的生产是上市公司与投资者之间缺乏沟通协调的结果,对整个社会而言是福利的"净损失",所以投资者无疑将受益于上市公司全面、准确、及时的信息披露,特别是自愿性信息披露。

同时,自愿性信息披露能够改善上市公司与投资者的关系。企业内部信息制造者和外部信息使用者之间存在信息不对称问题,通过自愿性信息披露可以向外部投资者传递更多企业未来发展前景的信息、提高信息透明度,以此获得投资者支持。

六、中小微企业挂牌如何选择中介机构

企业应该选择什么样的中介机构?这个问题对企业未来在资本市场上做定向融资、转板有直接的影响,因为券商一般是终身督导的,律师帮助企业上了新三板一般会被聘请为常年法律顾问,会计师帮助企业上了新三板一般会继续做年度审计,基本上等于企业要终身雇用这3家中介机构,更换中介机构是需要付出成本的,所以中介机构的服务质量、配置的团队非常关键。在同等条件下,应当优中选优,而不应该采用券商报总价的方式全部交给券商选择其他中介机构。

(一)如何选择中介机构

一般需要以下中介机构:一是证券公司作为推荐主办券商;二是会计师事务所;三是律师事务所;四是资产评估机构(如需要评估)。其中证券公司是主导,会计师事务所一般需要具备证券从业资格。

企业在新三板挂牌需要聘请中介机构,企业和中介机构之间是一种双向选择的关系，企业在选择中介机构时应该注意以下几个方面：

1	尽量选择具有从事证券业务资格的会计师事务所，证券公司须具有代办系统主办券商资格
2	中介机构的执业能力、执业经验和执业质量
3	中介机构对企业上新三板挂牌的重视程度、资源投入情况
4	中介机构之间应该进行良好的合作
5	明确费用问题。中介机构的费用是企业控制新三板挂牌成本需要考虑的一个重要问题，具体收费或收费标准一般由双方协商确定

公司挂牌新三板，需要改制和规范，有些过程是不可逆转的，一旦方案选择错误，轻则浪费宝贵时间，重则给企业带来不必要的经济损失，甚至导致公司从此无缘资本市场。因此我们建议，一定要选择项目经验丰富、品牌知名度高、项目人员业务能力强、与政府关系好、对公司高度负责任的券商。

对于地方政府如金融办、地方政府招商部门、园区管理部门，企业在任何时候都要记住，在商言商，与政府保持适当的距离，所谓距离产生美，距离产生安全。任何打着政府相关负责中小微企业融资部门推荐名号的机构，企业都应慎重选择，货比三家，不合适的要以礼相谢，巧妙应对。

对于银行、民间中介机构推荐的券商，企业要更加慎重，因为企业上新三板，政府补贴有限，参与的中介机构越多，食物链越长，企业走资本市场的成本就越高，券商、律师、会计师费用就会被分食，中介机构收取的费用少了，排兵布将就会有所考虑。

（二）如何选择券商

选择券商时，最好选择在市场上口碑好的，项目团队承做过上市或者新三板企业的，项目组的负责人应当是工作经验在四五年以上、有过项目经验、承做项目的主要人员,应当有过签字的项目经验,在签署挂牌转让推荐服务协议时,最好就项目现场主要经办人做出明确的约定。

券商规模的选择	如果企业仅希望在新三板公开挂牌,那选择什么样的券商区别不大,目前市场上大部分从事新三板业务的券商基本都能满足新三板业务的技术性要求;如果企业想在新三板挂牌且融资,那么应该选择大中型券商,对融资有好处,小型券商在融资中介方面的介绍能力稍差,市场对其项目质量的认可度也没有大中型券商高,不利于融资;如果企业是想先在新三板挂牌,然后转为主板中小板或创业板,就该选择大中型券商,尤其是具有丰富的IPO项目经验的券商
券商团队的选择	如果只是上新三板,一般券商都是由场外市场部来承做,场外市场部是专门做新三板的部门,团队相对年轻,大多数没有IPO项目的经验。个别券商会有当地营业部的人员参与项目承做,这个最好搞清楚,尽量不要用营业部团队,要用专业团队。如果是有转板计划,即将来准备IPO,那最好选择IPO团队,也就是由券商的投资银行部的人员来做,投资银行部较场外市场部团队,一般收费会高一些,对企业的质量要求也高一些,好处是可以照着IPO的标准和风险控制要求做项目,这样前期问题就会处理得好一些,避免留下后遗症,将来转板的时候会有障碍

费用方面,实践中券商一般是整体报价,然后协调律师、会计师共同进场,这样做的优势是企业可以省去找其他中介的麻烦,但是劣势是券商会压低律师费和会计师的费用,在律师费和会计师费用不足的情况下,券商会选择报价低甚至是没有从事证券经验的律师以及项目经办经验不足的会计师等组成项目团队。以上利弊需要企业慎重权衡。

七、做市商制度下,看券商如何发挥看家本领

作为我国多层次资本市场的组成部分,新三板对于我国资本市场有着重

要的意义，其自身亦需要不断完善。在实现了协议转让的交易方式之后，做市转让方式开始浮出水面，相应的新三板做市商制度——《全国中小企业股份转让系统做市商做市业务管理规定（试行）》（以下简称《管理规定》）已于 2014 年 6 月 5 日出台。接下来，就看券商们如何发挥他们做市商这一看家本领了。

（一）券商面临的现实挑战

做市商制度在流动性和提供估值方面给新三板带来了积极变化，而这些变化对券商来说是个新的挑战。根据规则，2014 年 8 月启动的做市转让方式为传统竞争性做市转让方式，这意味着投资者之间不能成交，必须通过做市商进行，而做市商之间的互报成交不纳入即时行情和指数测算，以免做市商通过对赌行为误导市场。

券商人士称，从国际经验看，传统竞争性做市转让存在的一个问题就是流动性不足，未来新三板市场也可能会面临这一问题。也就是说，未来很可能出现券商持有的股票缺乏买家的情况，流动性依然会差。尽管推出做市转让方式是为了提升市场的流动性，但这一意愿能否真的实现还有较大的不确定性，毕竟券商只是提供报价服务，下游的投资者还不一定认可。

如果券商的报价投资者不认可，可能会出现两种情况：一是券商下调报价，直至有投资者认可，但券商这么做肯定亏钱；二是券商不下调报价，这意味着交易双方继续处于僵持状态，券商要赚钱只是奢望。

（二）新三板做市商制度利益"图谱"

从资本市场体系的角度出发，做市商制度的确立将改变目前以协议转让为主要渠道的股权转让方式，解决目前新三板市场存在的价格不联系、操纵市场难度较大、大股东占用资金、关联交易等种种难题，以进一步发挥新三板的市场功能，进而提高新三板交易市场的活跃程度，完善我国多层次的资本市场结构，以更好地为实体经济服务。

具体来说，做市商制度给挂牌企业、券商和投资者带来了不同的利益：

做市商制度对于挂牌企业的意义	做市商制度尤其适合处于发展初期的中小微企业，对其稳健成长意义重大。首先，做市商制度能解决挂牌公司股票的定价问题。融资是企业挂牌的目的之一，而融资的关键是定价，定价功能的背后就是做市商制度。做市商为提高做市收益，增强投资者对做市股票的兴趣，普遍有很强的动机通过对挂牌公司的深入调查，利用其专业知识对股票进行准确的估值。不可忽略的是，当企业需要从银行获得银行贷款，或进行股权质押时，股权市场的交易价格将成为重要的参考因素。其次，做市商制度可维护股票价格的稳定性。在做市商制度下，做市商报价有连续性，价差幅度也有限制，做市商出于自身利益考虑，会有维护市场稳定的强烈动机
券商从做市商制度中获得的利益	新三板做市商制度的实施，最大的受益者将是在投行领域实力雄厚的大型券商。新三板做市商制度实施之后，证券公司新三板业务收入将改变之前主要依赖"一锤子买卖"的推荐挂牌费用的模式。目前，新三板业务对证券公司的收入贡献结构中，推荐公司到股转系统挂牌带来的投行收入是主要部分，据有关测算显示，这部分大概能为券商带来 150 万元的收入。而从事做市业务将为券商带来持续性的经营收入，即券商通过撮合交易带来的交易收入。引入做市商制度后，通过不断报出买卖方的价格信息，引入竞价制度，券商不但可以获得交易佣金，还可以获得买卖价差。此外，直投等业务也会为券商带来收入，如券商以自有资金获取买入卖出的价差收入。不过，最终收入多寡，还受制于交易量大小，这就需要各做市商不断提高自身研究能力和业务能力，提高获利水平
做市商制度对投资者的意义	首先，做市商制度实施后，普通投资者的投资渠道将增加。其次，做市商将利用专业知识对股票进行准确的估值，使股票价格更接近于真实价格，从而提升投资活动的安全性，保护投资者利益。最后，为吸引更多的投资者，做市商之间缩小报价价差等竞争策略对投资者而言是一个利好

（三）力争实现券商与挂牌企业双赢

各家券商都拿出了看家本领服务于新三板企业。那么如何实现券商与挂牌企业双赢？首先，挂牌上市企业要选择合适的做市商，其考量要点：一是券商的估值研究能力，因为不同券商对公司价值的认知能力是有差异的；二是公司的资金实力，按券商1:1的持仓量配置交易资金，做的数量越多，对资金要求也越高；三是券商的人才储备与服务水平。

其次，券商要在做市商的各个环节充分发挥作用。这些环节包括选股、估值、定价、申报和交易，它们构成了做市商的整个流程：

选股环节	在选股方面，券商多以规模、业绩指标为先导，规模大、业绩优的企业成为券商首选。具体到量化指标，则包括企业基本面、净利润、营业收入、市盈率、资产收益率等指标。此外，企业所处行业、团队情况、估值情况、核心竞争力及成长性情况等也需要考量
估值环节	券商在估值过程中，市盈率是其中一个重要的指标。不过，也有业内人士指出，对于新三板公司的估值，不能简单套用市盈率，这受业绩波动的影响非常大，而处于成长期的公司更是如此，必须有新的估值体系，要正确评估公司未来的成长空间
定价环节	在定价环节，挂牌企业和券商之间无疑存在利益冲突。从挂牌企业的角度来说，定价越高，获得的资金就越多；但是就券商而言，定价越高就意味着风险越高。因此，券商需要在认真衡量各方因素后定出一个相对合理的价格
申报环节	根据市场规则，做市商每次提交做市申报应当同时包含买入价格与卖出价格，且相对买卖价差不得超过5%。相对买卖价差计算公式为：相对买卖价差＝（卖出价格－买入价格）÷卖出价格×100%。虽然与国际上其他市场相比，相对买卖价差并不低，但是，这也无形中对做市商定价形成了一定的约束
交易环节	在最后的交易环节，还可能出现券商持有的股票缺乏买家，甚至与做市商的预期相去甚远的情况。加上制度约束，新三板做市商对"将获暴利"的说法并不认可

最后，企业和券商双方都需要理性地分析对方以及自身的各方面因素，从而需要达成一致的协议，比如有业内人士指出，如果定增价格谈不拢，挂牌企业可以将股份借给券商（相当于融券），让券商付利息，最终实现双方共赢。

第四章　挂牌筹划：登陆中国版的"纳斯达克"

新三板被称为中国版的"纳斯达克"，筹划挂牌新三板，需要明确新三板筛选企业的标准，对新三板挂牌的成本利弊进行分析，内部团队筹划新三板挂牌要明确相关问题，开展新三板挂牌前的股权激励，利用 11 项利好政策调整新三板的流动性缺陷。只有这样，才是一个相对完整的新三板挂牌上市筹划，才能实现企业的预期目标。

一、"新三板"筛选企业的标准有哪些

新三板扩容后，筛选挂牌企业的标准是根据市场的变化而确定的，其中包括主观层面重点关注的问题和业务层面重点关注的问题两大方面。

（一）主观层面重点关注的问题

主观层面重点关注的问题包括以下八项内容：

1	企业家的想法很重要，要有通过资本市场做大做强的意愿，有初步的规范意识，对公司未来两到三年的发展有比较明确的战略规划
2	企业能够承担起挂牌费用，总体报价不应低于160万元，一般券商收费应在80万~120万元，券商纯收入不得低于60万元。非常规范且成长性很高（又有融资需求）的企业可以具体情况具体分析
3	优先选择"两高六新"企业。两高六新，即高成长性、高科技；新经济、新服务、新农业、新材料、新能源和新商业的模式
4	北京、上海、深圳的企业特别是北京中关村科技园区（中关村一区十园）的企业优先考虑
5	公司的净资产最好在500万元以上；注册资本必须实缴，且净资产最好大于注册资本
6	实际控制人名下企业不要过于繁杂，对于同业竞争问题，必须在处理后才可挂牌
7	控股股东在最近两年内不得有犯罪行为或被牵涉到已立案的案件里
8	要综合各个方面判断一个企业是否具有推荐价值，如企业家自身情况（学历、专业等）、企业所处行业（重点、一般、淘汰行业等）、企业自身情况（家族企业和个体企业公司名义运行、账外收入巨大，实收资本、其他应收、应收账款、知识产权评估入账等科目异常，是否有核心专利技术等），要结合各个方面进行判断，不能一概而论

（二）业务层面重点关注的问题

新三板按照"可把控、可举证、可识别"的原则，对《全国中小企业股份转让系统业务规则（试行）》规定的挂牌条件进行细化，形成了以下五项基本标准。

一是依法设立且存续满两年。依法设立，是指公司依据《公司法》等法律、法规及规章的规定向公司登记机关申请登记，并已取得《企业法人营业执照》。

存续两年是指存续两个完整的会计年度：

1	公司设立的主体、程序合法、合规。国有企业需提供相应的国有资产监督管理机构或国务院、地方政府授权的其他部门、机构关于国有股权设置的批复文件；外商投资企业须提供商务主管部门出具的设立批复文件；《公司法》修改（2006年1月1日）前设立的股份公司，须取得国务院授权部门或者省级人民政府的批准文件
2	公司股东的出资合法、合规，出资方式及比例应符合《公司法》相关规定。以实物、知识产权、土地使用权等非货币财产出资的，应当评估作价，核实财产，明确权属，财产权转移手续办理完毕；以国有资产出资的，应遵守有关国有资产评估的规定；公司注册资本缴足，不存在出资不实情形
3	有限责任公司按原账面净资产值折股整体变更为股份有限公司的，存续时间可以从有限责任公司成立之日起计算。整体变更不应改变历史成本计价原则，不应根据资产评估结果进行账务调整，应以改制基准日经审计的净资产额为依据折合为股份有限公司股本。申报财务报表最近一期截止日不得早于改制基准日

二是业务明确，具有持续经营能力。业务明确，是指公司能够明确、具体地阐述其经营的业务、产品或服务、用途及其商业模式等信息：

1	公司业务如需主管部门审批，应取得相应的资质、许可或特许经营权等
2	公司业务须遵守法律、行政法规和规章的规定，符合国家产业政策以及环保、质量、安全等要求

持续经营能力，是指公司基于报告期内的生产经营状况，在可预见的将来，有能力按照既定目标持续经营下去：

1	公司业务在报告期内应有持续的营运记录，不应仅存在偶发性交易或事项。营运记录包括现金流量、营业收入、交易客户和研发费用支出等

续表

2	公司应按照《企业会计准则》的规定编制并披露报告期内的财务报表,公司不存在《中国注册会计师审计准则第 1324 号——持续经营》中列举的影响其持续经营能力的相关事项,并由具有证券期货相关业务资格的会计师事务所出具标准无保留意见的审计报告。财务报表被出具带强调事项段的无保留审计意见的,应全文披露审计报告正文以及董事会、监事会和注册会计师对强调事项的详细说明,并披露董事会和监事会对审计报告涉及事项的处理情况,说明该事项对公司的影响是否重大、影响是否已经消除、违反公允性的事项是否已予纠正
3	公司不存在依据《公司法》第一百八十一条规定解散的情形,或法院依法受理重整、和解或者破产申请
4	公司可同时经营一种或多种业务,每种业务应具有相应的关键资源要素,该要素组成应具有投入、处理和产出能力,能够与商业合同、收入或成本费用等相匹配

三是公司治理机制健全,合法规范经营。公司治理机制健全,是指公司按规定建立股东大会、董事会、监事会和高级管理层(以下简称"三会一层")组成的公司治理架构,制定相应的公司治理制度,并能证明有效运行,保护股东权益:

1	公司依法建立"三会一层",并按照《公司法》、《非上市公众公司监督管理办法》及《非上市公众公司监管指引第 3 号——章程必备条款》等规定建立公司治理制度
2	公司"三会一层"应按照公司治理制度进行规范运作。在报告期内的有限公司阶段应遵守《公司法》的相关规定
3	公司董事会应对报告期内公司治理机制执行情况进行讨论、评估

合法合规经营,是指公司及其控股股东、实际控制人、董事、监事、高级管理人员须依法开展经营活动,经营行为合法、合规,不存在重大违法违规行为:

1	公司的重大违法违规行为是指公司最近 24 个月内因违反国家法律、行政法规、规章的行为，受到刑事处罚或适用重大违法违规情形的行政处罚。其一，行政处罚是指经济管理部门对涉及公司经营活动的违法违规行为给予的行政处罚。其二，重大违法违规情形是指凡被行政处罚的实施机关给予没收违法所得、没收非法财物以上行政处罚的行为，属于重大违法违规情形，但处罚机关依法认定不属于的除外；被行政处罚的实施机关给予罚款的行为，除主办券商和律师能依法合理说明或处罚机关认定该行为不属于重大违法违规行为的外，都视为重大违法违规情形。其三，公司最近 24 个月内不存在涉嫌犯罪被司法机关立案侦查，尚未有明确结论意见的情形
2	控股股东、实际控制人合法合规，最近 24 个月内不存在涉及以下情形的重大违法违规行为：控股股东、实际控制人受刑事处罚；受到与公司规范经营相关的行政处罚，且情节严重；情节严重的界定参照前述规定；涉嫌犯罪被司法机关立案侦查，尚未有明确结论意见
3	现任董事、监事和高级管理人员应具备和遵守《公司法》规定的任职资格和义务，不应存在最近 24 个月内受到中国证监会行政处罚或者被采取证券市场禁入措施的情形

另外，公司报告期内不应存在股东包括控股股东、实际控制人及其关联方占用公司资金、资产或其他资源的情形，如有，应在申请挂牌前予以归还或规范；同时，公司应设有独立财务部门进行独立的财务会计核算，相关会计政策应能如实反映企业财务状况、经营成果和现金流量。

四是股权明晰，股票发行和转让行为合法合规。公司的控股子公司或纳入合并报表的其他企业的发行和转让行为需符合本指引的规定。

股权明晰，是指公司的股权结构清晰，权属分明，真实确定，合法合规，股东特别是控股股东、实际控制人及其关联股东或实际支配的股东持有公司的股份不存在权属争议或潜在纠纷：

1	公司的股东不存在国家法律、法规、规章及规范性文件规定的不适宜担任股东的情形
2	申请挂牌前存在国有股权转让的情形，应遵守国资管理规定
3	申请挂牌前外商投资企业的股权转让应遵守商务部门的规定

股票发行和转让合法合规，是指公司的股票发行和转让依法履行必要内部决议、外部审批（如有）程序，股票转让须符合限售的规定：

1	公司股票发行和转让行为合法合规，不存在下列情形：最近 36 个月内未经法定机关核准，擅自公开或者变相公开发行过证券；违法行为虽然发生在 36 个月前，目前仍处于持续状态，但《非上市公众公司监督管理办法》实施前形成的股东超 200 人的股份有限公司经中国证监会确认的除外
2	公司股票限售安排应符合《公司法》和《全国中小企业股份转让系统业务规则（试行）》的有关规定
3	在区域股权市场及其他交易市场进行权益转让的公司，申请股票在全国股份转让系统挂牌前的发行和转让等行为应合法合规

五是主办券商推荐并持续督导：

1	公司须经主办券商推荐，双方签署了《推荐挂牌并持续督导协议》
2	主办券商应完成尽职调查和内核程序，对公司是否符合挂牌条件发表独立意见，并出具推荐报告

值得一提的是，新三板重点推荐的企业是符合国家战略性新兴产业发展方向的企业，特别是新能源、新材料、信息、生物与新医药、节能环保、航空航天、海洋、先进制造、高技术服务等领域的企业，以及其他领域中具有自主创新能力、成长性强的企业。限制推荐的企业包括：纺织、服装；电力、煤气及水的生产供应等公用事业；房地产开发与经营，土木工程建筑；交通运输；酒类、食品、饮料；金融；一般性服务业；国家产业政策明确抑制的产能过剩和重复建设的行业。由此可以看出，新三板筛选挂牌企业具有明确的行业导向，其筛选标准也都是围绕这一导向而制定的。

二、"新三板"挂牌的成本利弊分析

随着新三板的全国扩容，其逐渐吸引了中小企业的关注，众多企业也积极利用新三板这一平台获取自身发展所需的资源。尤其是在新三板推出做市商平台的利好政策下，越来越多的公司筹谋在新三板挂牌，无论是挂牌数量还是成交金额都有明显的提升。因此，对于资金并不宽裕的中小微企业来说，挂牌新三板的成本除挂牌费外，后续的督导、规范成本并不低。因此在做决定之前，最好先算好成本利弊得失账。

（一）税务成本

企业在改制为股价公司之前即需补缴大量税款，这是拟上市公司普遍存在的问题。一般情况下，导致企业少缴税款的原因主要包括以下几项：

序号	内容
1	企业财务人员信息和业务层面的原因导致少缴税款。比如对某些偶然发生的应税业务未申报纳税；税务与财务在计税基础的规定上不一致，常导致未按照税务规定申报纳税的情况发生
2	财务管理不规范，收入确认、成本费用列支等不符合税法规定，导致少缴税款。此现象在企业创立初期规模较小时普遍发生，尤其是规模较小时税务机关对企业实行核定征收、所得税代征等征税方式的情况下，许多企业对成本费用列支的要求不严，使得不合规发票入账、白条入账等情况大量存在。一旦这些情况为税务机关掌握，税务机关有权要求企业补税并予以处罚

3	关联交易处理不慎往往会形成巨额税务成本。新的所得税法和已出台的特别纳税调整管理办法对关联交易提出了非常明确的规范性要求。关联企业之间的交易行为如存在定价明显偏低现象，税务机关有权就其关联交易行为进行调查，一旦确认关联交易行为影响到少缴税款的，税务机关可裁定实施特别纳税调整

（二）社保成本

在劳动密集型企业，往往存在劳动用工不规范的问题。比如降低社保基数、少报用工人数、以综合保险代替城镇社保、少计加班工资、少计节假工资等。发审委对于企业劳动用工的规范要求异常严格，因此，拟上市公司一般均会因此付出更高的社保成本。

（三）上市筹备费用

上市筹备工作是一个系统工程，不仅需要各个职能部门按照上市公司的规范性要求提升管理工作水平，还要求组建一个专业的上市筹备工作团队对整个上市筹备工作进行组织与协调。因此，上市筹备费用对于企业来讲，也是必须考虑的成本因素。上市筹备费用主要包括：上市筹备工作团队以及各部门为加强管理而新增的人力成本；公司治理、制度规范、流程再造培训费用；为加强内部控制规范而新增的管理成本等。

（四）高级管理人员报酬

资本市场的财富效应使得企业在上市决策过程中必须考虑高级管理人员的报酬问题。除了高管的固定薪资之外，还要考虑符合公司发展战略的高管激励政策。高管固定薪资一般不会因企业上市而带来增量成本，但高管激励政策往往成为拟上市公司新增的高额人力资源成本。因为在市场环境下，大多数企业会采用高管持股计划或期权计划作为对高级管理人员的主要激励手段。

对于中小微企业，上市需要考虑的高级管理人员报酬问题有时还表现在高级管理人员的增加上。大多数中小民营企业为了满足公司治理的要求，不得不安排更多的董事会、监事会成员和高级管理人员。

（五）中介费用

企业上市必须是企业与中介机构合作才能实现的工作。在市场准入的保护伞下，中介服务成为了一种稀缺资源，使得中介费用成为主要的上市成本之一。企业上市必需的合作中介包括券商、会计师事务所、资产评估机构、律师事务所、其他咨询机构、财经公关机构等。中介费用的高低取决于合作双方的协议结果，它的主要影响因素包括目标融资额、合作方的规模与品牌、企业基础情况决定的业务复杂程度、市场行情等。部分中介费用可以延迟至成功募资后再实际支付。

（六）上市后的边际经营成本费用

上市给企业带来品牌效应和信用升级，同时也给企业带来"为名所累"的问题。例如，人力资源成本会因企业身为上市公司而升高，因为慕名而来的高素质人才多了，同时求职者对企业薪资待遇的要求也提高了。再如，采购成本会因企业身为上市公司而升高，因为有些供应商会因企业是上市公司而抬高价码。因此，一般企业上市后的经营运营成本较上市前高。考虑上市后的边际经营成本费用，有助于企业的上市决策和发展战略的制定。

（七）风险成本

企业上市决策面临的最大风险就是上市申报最终不能得到发审委的通过，这意味着企业上市工作失败，这一失败会给企业带来许多威胁。严格的信息披露要求，使得公司的基本经营情况被公开，给了竞争对手一个学习的机会。另外，中介机构也掌握着大量企业的重要信息，同样面临流失的风险。上市工作的失败，还使得改制规范过程中付出的税务成本、社保成本、上市筹备费用、中介费用等前期成本费用支出变成沉没成本，无法在短期内得到弥补。

（八）时间成本

企业上市一般需要一年甚至几年的时间，其是否成功受很多外在因素限制。同时，企业内部的问题也会对其上市造成影响。根据过往的经验，法律架构重组、独立经营原则、业务剥离、关联交易、同业竞争、税务问题、会计问题和公司治理等内部问题大体上可以归类为法律问题和财务问题。许多拟上市的企业均提前引入相关的法律团队和财务团队，分别在法律上与财务上对企业进行梳理和规范，确保企业在最佳上市时机到来后，不会因为自身的原因而阻碍了上市的进程。

总体来看，在整个上市过程中，占据成本最多的是券商收取的费用，同时，这也是不同公司上市成本的最大区别之处。其中，承销费用主要按照发行时募集金额的多少，按照一定的比例收取，保荐费用则是支付给保荐人的签字费。有人做过调查，在 10 家单独公布了保荐费用的公司中，这部分的收费差异并不大，一般分为 300 万元、400 万元和 500 万元三个标准，收费最高的国都证券承销红日药业收取了 550 万元的保荐费。区别最大的是承销费用，这部分费用决定了公司上市的成本大小。而从耗费资金占比来看，这部分的费用占整个承销发行费用的比例也远远高于会计师费用、律师费用、资产评估费用等多项费用之和。例如，相对神州泰岳超过 1.2 亿元的承销费而言，几百万元的其他费用几乎可以忽略。这部分费用则要看企业的谈判能力大小。

三、内部团队如何筹划"新三板"挂牌

建立一支强有力的、高效的"新三板"挂牌内部筹划团队，是企业挂牌上市的第一步。事实上，很多企业的筹划团队已针对新三板有了一些研发。2015 年初，为了在新三板挂牌上市，很多企业进行大张旗鼓的团队组建和筹划，多家基金公司在新三板业务领域招兵买马。例如，天弘基金在其官网招募新三板投资助理，宝盈基金发布了招聘 3 名新三板项目经理的消息，国海富兰克林基金也在招募新三板投资经理兼研究员。此外，景顺长城、中加和中融等基金公司则在为其子公司招募新三板人才，岗位涵盖投资经理、项目经理和执行总监等。

挂牌新三板，从新三板平台有效融资，需要仔细筹划。内部筹划团队主要负责与中介机构协调、外部事项沟通、资料收集与整理、协助调查与制作材料、信息传达等工作。

内部团队筹划企业在"新三板"挂牌要明确，在新三板挂牌不是一定能融到资金，实质上只是实现现有股票公开转让的过程，也就是增强了股票的流通性。如果想融资，按新三板的规定，是不能公开融资的，只能定向融资，也就是私募，实际上还是双方协商的过程。有机构愿意投资你，你才能融到

资，不愿意投你，上新三板也没用。但新三板对引进私募确实有促进作用，其最大的作用体现在定价上，在机构愿意投资你的前提下，因为你的股票已经有公开的市场转让价格，所以会参考公开价格作为引进私募的定价基础，这个价格一般会比上新三板前引进私募要高；另一个作用就是作为新三板挂牌企业，财务数据和公司治理相对可信，透明度较高，对私募的吸引力会更大。但从根本上说，能否实现融资，还是取决于企业的质地。新三板对于需要融资的企业而言，是锦上添花，不是雪中送炭。

上新三板需要聘请证券公司（主办券商）、会计师事务所和律师事务所等中介机构，对公司进行尽职调查，出具审计报告和法律意见书等文件，最后由券商牵头向股转公司申报挂牌。过程中的具体操作，企业只要配合这几家中介机构就可以了。尽职调查就是发现问题、解决问题的过程，企业也有可能存在硬伤，不符合或者暂时不符合新三板挂牌条件，所以要注意选择有经验的中介机构而且在前期就要发现问题做好规划。如果企业所在的行业不是特别好的行业，或者不具有特别高的成长性，现在的利润规模还比较小，大一点的券商一般不愿意接这种小项目。可见做好业绩还是最重要的。

四、开展"新三板"挂牌前的股权激励

新三板挂牌的企业多为"两高六新"企业，即高科技、高成长、新经济、新服务、新能源、新材料、新农业、新商业模式企业。此类型企业的一个重要特点就在于企业的发展对高级管理人员及核心技术人员的依赖性很强。要保持企业持续、稳定、高速的发展，其关键在于保持高级管理人员及核心

技术人员的稳定性，充分调动其工作积极性，进而促进公司的快速发展。实施股权激励计划是目前被广泛采用的保持人员稳定的有效措施之一。

股权激励有利于公司发展，其实施方案只要是按照信息公开原则，披露及时、准确，办事按照相关规定程序进行即可。筹备新三板挂牌过程中的股权激励涉及两个方面：一是股权激励方案设计中的核心问题，二是股权激励实施过程中应当特别注意的问题。

（一）股权激励方案设计中的核心问题

一是确定激励对象。股权激励应是对于对企业有贡献的员工或有益于企业长期发展的部分员工的激励，而不是普惠制度下的激励，并且有限责任公司在变更为股份公司之前，依据《中华人民共和国公司法》（以下简称《公司法》）规定，股东人数不应超过 50 人的限制，所以通常我们建议激励对象为企业的高级管理人员及核心技术人员。在确定激励对象人选时，应当保证高级管理人员及核心技术人员均能够参与股权激励，但也不能因此而导致股权过于分散而影响公司的控制权。

二是选择股权激励时点。股权激励的时点一般选择在变更为股份有限公司以前，或者是公司新三板挂牌以前。如果在新三板挂牌后再实施股权激励，则只能通过定向增资的形式进行，并且定向增资不能仅针对其在册股东及公司员工，还必须有其他外部投资者参与，因此，在此时实施股权激励相较于挂牌前存在一定的限制。

三是股权激励的方式。根据《公司法》的相关规定，有限责任公司在尚未变更为股份有限公司之前，可以通过股权转让或者增资的方式实现。在企业变更为股份有限公司后至挂牌前阶段，也可以通过股权转让及增资的方式进行股权激励。但是如果在此阶段采取股权转让方式转让股份，根据《公司法》第一百三十九条的规定，"股东转让其股份，应当在依法设立的证券交易场所进行或者按照国务院规定的其他方式进行"。因此，如果未在上述场所转让股份，其股权转让的效力本身就存在争议。

在这种情况下，通常建议采取的方式是在股权交易双方各自履行相应的决策程序并签署股份转让协议后，修改公司章程中关于股东及所持股份的相关规定，然后将修改后的公司章程报工商管理部门备案，通过工商登记的公示效力来补正其股权转让本身的效力瑕疵。不论采取何种股权激励方式，都应当对股权数量进行一定的控制，避免股权过于分散，影响企业的控制权。

四是限制股权激励对象。由于股权激励的目标是吸引人才、留住人才，而公司在新三板挂牌后，其股权的价值可能会有所提升，此时，部分股东为取得股权的增值价值或者离职而转让股权，使得股权激励不能实现预期目的。因此，在进行股权激励的时候，应当对激励对象所获股权做出一定的限制。通常建议的方式是对激励对象取得的公司股权从转让对象和转让时间上进行合理、合法的限制。如果因交易制度、交易规则的规定无法限制转让对象，则可以通过协议约定激励对象转让股份所获收益的处分原则。

（二）股权激励实施过程中应当特别注意的问题

一是股权激励应当依法进行。在筹备新三板挂牌阶段，一方面应当采取一定的股权激励措施吸引人才，另一方面所采取的股权激励措施一定要合法合规，避免对公司挂牌产生影响。不管采取何种方式实施股权激励，均应依据《公司法》及公司章程的规定，履行相应的内部决策程序，签订真实有效的法律文件，实际足额支付股权价款或者注册资本，及时办理工商变更登记手续，并且不得存在代持股份或者隐名股东的情形。有的公司实施股权激励只是依照企业内部自己计算的每年收益转增股本进行股权激励，其利润的计算未经审计，股本及股权的变更也未进行工商登记，最终对其新三板挂牌产生了影响。

二是股权转让的个人所得税问题。如果企业通过股权转让的方式实施股权激励，则根据《中华人民共和国个人所得税法》的相关规定，原股东的股权转让所得，需要依法缴纳个人所得税，但是如果公司股权投资转让价格公允与股权投资成本持平，则可以不缴纳企业所得税。

为防止公司股权转让过程中纳税主体通过平价或者低价转让的方式少缴或者不缴个人所得税，国家税务总局出台《国家税务总局关于加强股权转让所得征收个人所得税管理的通知》、《关于股权转让所得个人所得税计税依据核定问题的公告》等规定，要求在股权转让协议签署后至办理工商变更登记前，转让方应当到税务部门申报个人所得税，如果确属价格公允且平价或者低价转让的，可以免征或者不征个人所得税。但是如果税务部门认为价格不公允的则会对股权价值进行核定，并按照核定后的价值征收个人所得税。

在实践中，对于股权转让个人所得税的征收，现在各地的税务部门态度并不一致，具体征收方式还需要在项目实施过程中与税务机关沟通后确定。

三是股权激励与引进外部投资者之间的时间安排。如果企业拟在挂牌前实施股权激励并引进一部分外部投资者，则两者之间的时间不宜太近，因为一般内部股权激励的价格与外部投资者取得股权的价格之间有较大的差异，如果时间太近，对于其股权价值的差异则难以解释。

股权激励方案的确定，需要综合考虑公司发展规划、人员安排、股本结构设置、股权交易成本等因素。律师在参与公司新三板挂牌的专项法律服务时应该了解最新的法律法规动态，帮助公司在制订股权激励方案时，既要达到稳定公司发展的目的，又要保证合法、合理地实施。

五、如何调整"新三板"的流动性缺陷

新三板是完全按照市场化规则发展起来的新市场，没有历史包袱。新三板挂牌公司数量逐渐增多，但流动性仍显不足。缺乏流动性是"新三板"最大的缺陷。不同类型的投资者在需求与风险偏好方面千差万别，客观上，他们存在对风险度较高，同时也具有相应盈利机会的柜台交易品种的有效需求。"新三板"推出后，对参与投资对象的身份及数量上的限制，也令其流动性大打折扣。

（一）正确认识新三板流动性

要正确认识新三板流动性问题，首先必须认识当前的新三板市场。该市场已经是国务院批准的全国性股份转让系统，并正以超常的速度扩张。一方面，其挂牌企业不受 3 年利润持续增长的局限；另一方面，新三板是 PE、VC 寻找并购、组合的最佳场所，而当前私募股权投资基金的快速发展将会促使股份转让需求增加。

当前新三板交易并不活跃，其原因有三点：其一，目前新三板转让交易制度只有协议转让方式，大大限制了其流动性。这种方式成交效率低下，交易频率很低，不如纳斯达克的做市商制度和创业板的集合竞价制度。做市商制度可以进一步发现交易价格、促进交易，而集合竞价机制的引入将会在开盘和收盘环节形成开盘价和收盘价，并增加协议转让时段系统自动匹配成交功能。新三板因处于扩容初期，新的交易制度尚未落实，使得市场的定价功能没有得到充分发挥，交易量自然受限。

其二，当前新三板准入制度的限制。新三板扩容初期，为保持市场的平稳性，将个人投资者准入门槛提升至 500 万元，与机构投资者相同。这一准入门槛令大部分中小投资者望而生畏，大大减少了参与新三板市场的投资人数量。

其三，新三板企业股权集中度过高。经统计，新三板 600 多家企业平均每家只有 22 个股东，其中最少的甚至只有 2 个。造成这种现象的原因，一方面，新三板企业上市前没有 IPO，股权分散度没有形成；另一方面，由于很多公司都是改制以后直接挂牌，而按照《公司法》，改制以后发起人在一年之内股份不能转让。在这种情况下，很多企业挂牌之后没有可转让的股份。

新三板流动性差只是其扩容初期的特有现象，现在去断定其流动性必然不足还为时过早。随着市场规模的快速扩张，新三板将迎来一系列制度改进，流动性难题破解为时不远。

（二）调整"新三板"流动性缺陷的 11 种方法

有的新三板投资者担心，如果现在买了两年封闭期的新三板基金，到时候如果还像现在每天几亿元的成交量，卖不出去，砸在手里，那可怎么办呢？这其实是目前很多人对于新三板的最大担心，担心买了之后，想卖卖不掉，怎么办？

其实，不论是看待新三板，还是看待其他投资或者决策，有一个基本原则，就是要在最小风险的情况下，获取最大的利润。事实上，认为新三板未来流动性会非常充裕，是有充分的逻辑依据的。因为新三板管理层有 11 个政策利好可以使用，就是说，有 11 种方法可以调整"新三板"的流动性缺陷：

政策	调整方式
竞价交易机制	根据新三板交易规则，理论上必须有"协议成交"、"做市商成交"、"竞价成交"三种模式并存，企业选择其中一种模式。现在新三板只有"协议成交"和"做市商成交"两种模式，"竞价成交"模式还没有推出，相信推出之后也是会增加流动性的
转板机制	2014年10月证监会《关于支持深圳资本市场改革创新的若干意见》，已明确"将积极研究制定方案，推动在深圳证券交易所创业板设立专门的层次，允许符合一定条件尚未盈利的互联网和科技创新企业在全国中小企业股份转让系统挂牌满12个月后到创业板发行上市，支持创业板的良性发展"。市场解读为已明确允许深交所赶紧制定转板机制，与新三板挂牌企业对接，满足条件的挂牌企业在挂牌1年后可以转入创业板。同时，肖钢主席在"两会"期间已明确表示，2015年将进行转板制度试点
分层制度	证监会已经多次明确，新三板市场一定会推出分层制度，通过分层，将不同类型的企业集合在不同层次中，能够激发市场的交易活跃度，更有利于投资者分析判断。这个制度的推出当然也是绝对的利好
降低投资门槛	新三板投资门槛放低，必有大量的人进入，那么，交易量势必活跃。但是门槛放低的同时，也会造成更多的像A股那样的政策，消息性的非理性投资将会产生，其实就是"双刃剑"，所以门槛的设置是希望投资更加理性
优先股政策	根据中国证监会2014年9月19日发布的"非上市公众公司发行优先股相关信息披露文件"可以看出，新三板推出优先股已是箭在弦上。一旦推出优先股，增加了新的融资方式，那么挂牌交易的活跃度也会相应提高
做市商	新三板的做市商只有券商，市场交易主体较少。而根据证监会《关于证券经营机构参与全国股份转让系统相关业务有关问题的通知》，实缴注册资本1亿元以上，财务状况稳健，且具有与开展做市业务相适应的人员、制度和信息系统的基金管理公司子公司、期货公司子公司、证券投资咨询机构、私募基金管理机构等机构经证监会备案后，也将可以在全国股份转让系统开展做市业务。新三板发言人也已经多次提到，会逐渐允许私募股权投资公司和风险投资公司等投资机构成为做市商。那么，随着投资机构的增加，必然也会带来交易的活跃度上升
5%限额的调整	众所周知，根据目前新三板做市商制度中的做市规则，做市商作为市场中介，买入卖出的价差不能高于5%，利润较低会带来其交易的动力不足问题。而纳斯达克的这个数值是25%，英国该类板块（AIM）数值是15%。大胆预算，如果调整5%的限额，做市商的积极性一定会倍增

政策	调整方式
做市时间调整	根据目前新三板做市商制度中的做市规则，对做市商加入和退出企业做市时间有严格要求。初始做市商为股票做市不满6个月的不能退出，做市退出之后1个月内不能再为该股票做市，而美国纳斯达克该做市时间是没有任何要求的。可以预见我们新三板的交易活跃度调整空间较大
100万股库存股调整	根据目前新三板做市商制度中的做市规则，做市商做市时，必须合计自己垫钱买企业的100万股（初始做市商），并且做市商各自不少于10万股，然后再开始销售。这样做市商做得业务越大，其垫付的资金量越大，必然影响交易活跃度。试想下，如果降低初始库存股的要求，做市商将释放出巨大的资金，交易量也会相应提升
股权质押贷款	目前与新三板合作的银行都是非四大国有银行的一些中小型银行。能够为新三板量身定制融资产品的银行只有两三家，新三板挂牌企业即使通过银行融资方式也很有限。而随着新三板交易的活跃，势必更多的银行会看好新三板，为新三板企业量身定制各种融资产品，进而促进企业挂牌和交易的热度，再促进银行设计更好的、更优惠的融资产品，达到银行和企业的共赢共荣。因此，银行在未来，也是能够通过推出股权质押贷款等多种量身定制产品，促进新三板交易活跃度的
调整个人交易所得税	根据财税〔2014〕48号《财政部、国家税务总局、中国证券监督管理委员会关于实施全国中小企业股份转让系统挂牌公司股息红利差别化个人所得税政策有关问题的通知》规定，"个人持有全国中小企业股份转让系统挂牌公司的股票，持股期限在1个月以内（含1个月）的，其股息红利所得全额计入应纳税所得额；持股期限在1个月以上至1年（含1年）的，暂减按50%计入应纳税所得额；持股期限超过1年的，暂减按25%计入应纳税所得额。上述所得统一适用20%的税率计征个人所得税"

　　总之，新三板规模的快速扩张将加快新三板市场流动性障碍的破除，因而不可按新三板今天的缺乏流动性来判断新三板的明天。随着市场加速扩容，相关制度将不断调整和完善，新三板的流动性会越来越高，也将成为私募股权投资公司和风险投资公司寻求并购重组的最佳场所。人们热切希望在"新三板"的市场建设中解决好流动性问题，这不仅有利于"新三板"本身的发展，而且也将大大地推动中国多层次资本市场的建设迈上一个新台阶。

第五章 操作指南：企业"新三板"挂牌上市须知

随着新三板扩容的正式开启，新三板挂牌公司迎来了发展机遇，国家也大力推进新三板优惠政策。抓住历史性发展机遇，进行新三板挂牌操作，企业需要了解新三板挂牌和主板上市的区别，掌握新三板交易制度和交易规则，遵循新三板挂牌流程，明确新三板上市需缴纳的费用，另外做市商的操作流程也是做市企业不可不知的。这些操作指南，可以有效解决企业新三板上市的疑难问题，帮助企业获得高成长、高收益。

一、"新三板"挂牌和主板上市的区别

新三板是经国务院批准，依据《证券法》设立的全国性证券交易场所，2012 年 9 月正式注册成立，是继上海证券交易所、深圳证券交易所之后第三家全国性证券交易场所。在场所性质和法律定位上，全国股份转让系统与证券交易所是相同的，都是多层次资本市场体系的重要组成部分。新三板挂牌和主板上市的主要区别在于：

服务对象不同	《国务院关于全国中小企业股份转让系统有关问题的决定》明确了全国股份转让系统的定位主要是为创新型、创业型、成长型中小微企业发展服务。这类企业普遍规模较小，尚未形成稳定的盈利模式。在准入条件上，不设财务门槛，申请挂牌的公司可以尚未盈利，只要股权结构清晰、经营合法规范、公司治理健全、业务明确并履行信息披露义务的股份公司均可以经主办券商推荐申请在全国股份转让系统挂牌
投资者群体不同	我国交易所市场的投资者结构以中小投资者为主，而全国股份转让系统实行了较为严格的投资者适当性制度，未来的发展方向将是一个以机构投资者为主的市场，这类投资者普遍具有较强的风险识别与承受能力
行业导向不同	新三板是中小微企业与产业资本的服务媒介，主要是为企业发展、资本投入与退出服务，不是以交易为主要目的。新三板的意义主要是针对公司而言，会给该企业、公司带来很大的好处：治理更加规范；有一定的广告效应；带来财富效益；可以流通套现；成本较低；新三板挂牌速度快；定向融资

值得注意的是，备受关注的个人投资者参与新三板交易的门槛也首次明确。根据上述规则，个人投资者需要有两年以上的证券投资经验，或具有会计、金融、投资、财经等相关专业背景，并且要求投资者本人名下前一交易日日终证券类资产市值在 300 万元以上。

有不少投资者认为上述规则门槛太高，普通投资者根本无法参与，这一门槛甚至比股指期货还要高。不过，有业内人士认为，门槛高固然有其弊端，比如说参与的投资者数量少，吸引的资金量也会减少；不过，开放个人投资者参与新三板交易，有助于活跃新三板市场，提高门槛更多的也是为了保护中小投资者的利益。

根据上述试行的业务规则，除了允许个人投资者参与，做市商制度也被明确提出，竞价交易方式也有可能引入。规则显示，"股票转让可以采取协议方式、做市方式、竞价方式或其他中国证监会批准的转让方式"，并且"经全国股份转让系统公司同意，挂牌股票可以转换转让方式"。

二、"新三板"交易制度和交易规则

新三板交易制度是指在代办股份转让系统中对主体资格、交易规则、报价规则和登记结算的要求。主要表现在新三板交易制度、新三板交易规则、新三板交易范围、新三板制度、新三板交易条件和新三板交易制度的问题六个方面。

（一）新三板交易制度

序号	内　容
1	以机构投资者为主。自然人仅限特定情况才允许投资
2	实行股份转让限售期。新三板对特定主体持有股份规定限售期，另对挂牌前增资、控股股东及实际控制人转让股份等也分别规定了限售期
3	设定股份交易最低限额。每次交易要求不得低于1000股，投资者证券账户某一股份余额不足1000股的，只能一次性委托卖出
4	交易须由主办券商代理。主办券商代为办理报价申报、转让或购买委托、成交确认、清算交收等手续，挂牌公司及投资者在代办系统所进行的股份交易的相关手续均需经主办券商办理
5	依托新三板代办交易系统。新三板代办交易系统依托于深圳证券交易所建设，与中小板、创业板等并列于深圳交易所交易系统
6	投资者委托交易。投资者委托分为意向委托、定价委托和成交确认委托，委托当日有效。意向委托、定价委托和成交确认委托均可撤销，但已报价系统确认成交的委托不得撤销或变更
7	分级结算原则。新三板交易制度对股份和资金的结算实行分级结算原则

（二）新三板交易规则

序号	内容
1	新三板交易股票名称后不带任何数字。股票代码以"43"打头，如：430003 北京时代
2	委托的股份数量以"股"为单位，新三板交易规则每笔委托的股份数量应不低于 1000 股，但账户中某一股份余额不足 1000 股时可一次性报价卖出
3	报价系统仅对成交约定号、股份代码、买卖价格、股份数量四者完全一致，买卖方向相反，对手方所在报价券商的席位号互相对应的成交确认委托进行配对成交。如买卖双方的成交确认委托中，只要有一项不符合上述要求的，报价系统则不予配对。因此，投资者务必认真填写成交确认委托
4	股份报价转让的成交价格通过买卖双方议价产生。投资者可通过报价系统直接联系对手方，也可委托报价券商联系对手方，约定股份的买卖数量和价格。投资者可在"代办股份转让信息披露平台"的"中关村科技园区非上市股份有限公司股份报价转让"栏目中或报价券商的营业部获取股份报价转让行情、挂牌公司信息和主办报价券商发布的相关信息
5	新三板交易规则没有设涨跌停板

（三）新三板交易范围

序号	内容
1	新三板交易机构投资者，包括法人、信托、合伙企业等
2	新三板交易公司挂牌前的自然人股东（挂牌公司自然人股东只能买卖其持股公司的股份）
3	通过定向增资或股权激励持有公司股份的自然人股东
4	因继承或司法裁决等原因持有公司股份的自然人股东
5	协会认定的其他投资者

（四）新三板制度

序号	内　容
1	非典型的报价驱动机制，而是愿者上钩的被动交易制。新三板的交易方式有两种：一是投资者买卖双方在场外自由对接，协商并确定买卖意向，再回到新三板市场，委托主办券商办理申报、确认成交并结算；二是买卖双方向主办券商做出定价委托，委托主办券商按其指定的价格买卖不超过其指定数量的股份，主办券商接到此委托后，并不积极作为，寻找相应的买家或卖家，而是将定价委托申报至股权代办转让系统登记备案，并等待一个认可此价格的买家或卖家出现，对手方如同意此定价且愿意为此交易，仍需委托主办券商做出成交确认委托，一旦该委托由主办券商做出成交确认申请，并在标的股份存在且充足、买方资金充足的情况下，交易才能成立。由此可见，此种机制并非典型的指令驱动机制
2	尽可能降低风险，安全交易。新三板交易制度通过实行一系列规范尽可能避免交易的风险，例如，实行机构投资者投资为主，限定进入股份交易代办系统期限，规定最低交易股份数额以及要求通过主办券商予以代理，这均显示出新三板交易制度希望尽可能降低交易风险
3	与主板等场内市场有效衔接和统一。新三板交易系统平台建立在深圳证券交易所系统平台的基础上，交易账户与深圳交易所系统相衔接，创建深圳证券交易所账户的投资者，可以直接用该账户进行新三板交易，由此搭建了中小板、创业板与新三板的连接桥梁
4	证券机构在交易制度中地位举足轻重。交易的委托、报价申请、成交确认以及交割清算，都需要主办券商代理，但现阶段的交易并非实行做市商制度，主板券商仅起到交易代理的作用，其进一步的作用并未发挥出来
5	交易制度尚处于试点阶段，具有很强的试验色彩。整个新三板的交易制度都处于试点阶段，《暂行试点办法》带有的试验色彩浓厚

（五）新三板交易条件

序号	内　容
1	依法设立且存续满两年（有限公司整体改制可以连续计算）
2	业务明确，具有持续经营能力
3	公司治理机制健全，合法规范经营

续表

序号	内容
4	股权明晰，股票发行和转让行为合法合规
5	主办券商推荐并持续督导
6	全国股份转让系统公司要求的其他条件

（六）新三板交易制度的问题

新三板交易制度还存在不完善的地方，需要在实践中进一步改进。目前存在的问题主要为以下几点：

一是设置交易门槛限制股份流动性。新三板限制了部分投资者进行投资，从而也限制了更多新三板挂牌公司股权进入交易市场，最终也影响了新三板交易制度的活跃程度。

二是券商作用仍有进一步拓宽的空间。券商的主要功能在于代理交易作用，其对于新三板交易并不能发挥进一步作用，诸如进一步引导和发现价格、促成交易等方面的作用都十分有限。

三是融资仍然存在一定难度。新三板交易制度由于存在流动性问题，致使不能充分满足挂牌公司的融资需求，希望通过广泛的投资者投资的快捷融资存在一定难度。

四是挂牌企业区域范围有限，仅限于中关村高科技园区企业，这样就不能集中吸收全国各类优秀企业。

五是个人投资者参与交易受限，虽然此举旨在减少风险，但也使得广大个人投资者无法分享到新三板挂牌企业的发展成果。

六是非公众公司交易受限于 200 人红线，这在一定程度上限制了新三板挂牌公司股份交易的活跃程度。

对于新三板市场，2015 年又将会带来哪些变化，有关人士表示，投资门槛降低、竞价交易推出、分层管理实行、转板制度落地和企业并购活跃等方面应该给予更多关注。随着新三板市场实现投融资更快捷，挂牌程序更加简化，其交易制度也会越来越完善、合理，从而为机构投资者和战略投资者提供用武之地。

三、高新技术企业及"新三板"挂牌流程

科学是发展的重要内在推动力，高新技术企业是指在《国家重点支持的高新技术领域》规定范围内，持续进行研究开发与技术成果转化，形成企业核心自主知识产权，并以此为基础开展经营活动，在中国境内（不包括港、澳、台地区）注册一年以上的居民企业。它们是知识密集、技术密集的经济实体。

（一）我国的高新技术企业认定

我国的高新技术企业认定工作是从 20 世纪 90 年代初开始的。当时，为了建立我国的高新技术产业，促进高新技术企业快速发展，国务院于 1991 年发布《国家高新技术产业开发区高新技术企业认定条件和办法》（国发〔1991〕12 号），授权原国家科委组织开展国家高新技术产业开发区内高新技术企业认定工作，并配套制定了财政、税收、金融、贸易等一系列优惠政策。根据其后科技部、财政部、国家税务总局 2008 年 4 月联合颁布的《高新技术企业认定管理办法》及《国家重点支持的高新技术领域》，高新技术企业的认定标准如下：

序号	内容
1	在中国境内（不含港、澳、台地区）注册的企业，近3年内通过自主研发、受让、受赠、并购等方式，或通过5年以上的独占许可方式，对其主要产品（服务）的核心技术拥有自主知识产权
2	产品（服务）属于《国家重点支持的高新技术领域》规定的范围
3	具有大学专科以上学历的科技人员占企业当年职工总数的30%以上，其中研发人员占企业当年职工总数的10%以上
4	企业为获得科学技术（不包括人文、社会科学）新知识，创造性运用科学技术新知识，或实质性改进技术、产品（服务）而持续进行了研究开发活动，且近3个会计年度的研究开发费用总额占销售收入总额的比例符合如下要求：最近1年销售收入小于5000万元的企业，比例不低于6%；最近1年销售收入在2000万～5000万元的企业，比例不低于4%；最近1年销售收入在2000万元以上的企业，比例不低于3%。其中，企业在中国境内发生的研究开发费用总额占全部研究开发费用总额的比例不低于60%。企业注册成立时间不足3年的，按实际经营年限计算；高新技术产品（服务）收入占企业当年总收入的60%以上；企业研究开发组织管理水平、科技成果转化能力、自主知识产权数量、销售与总资产成长性等指标符合《高新技术企业认定管理工作指引》的要求

高新技术企业资格自颁发证书之日起有效期为3年，企业应在期满前3个月内提出复审申请，不提出复审申请或复审不合格的，其高新技术企业资格到期自动失效。

（二）高新技术企业挂牌新三板流程及时间周期

2014年10月，中国证监会发布关于支持深圳资本市场改革创新的15条意见，其中提出支持推进"深港通"，推动在创业板设立专门的层次，允许符合一定条件尚未盈利的互联网和科技创新企业在全国中小企业股份转让系统挂牌满12个月后在创业板发行上市。

依据相关法律、法规及规范性文件的规定，高新技术企业申请新三板挂牌转让的流程如下：

序号	内容
1	公司董事会、股东大会决议
2	申请股份报价转让试点企业资格
3	签订推荐挂牌协议。非上市公司申请股份在代办系统挂牌，须委托一家主办券商作为其推荐主办券商，向中国证券业协会进行推荐。申请股份挂牌的非上市公司应与推荐主办券商签订推荐挂牌协议
4	配合主办报价券商尽职调查
5	主办报价券商向中国证券业协会报送推荐挂牌备案文件
6	中国证券业协会备案确认。中国证券业协会对推荐挂牌备案文件无异议的，自受理之日起50个工作日内向推荐主办券商出具备案确认函
7	股份集中登记
8	披露股份报价转让说明书
9	挂牌交易

审批时间短、挂牌程序便捷是新三板挂牌转让的优势，其中，企业申请非上市公司股份报价转让试点资格确认函的审批时间为5日；推荐主办券商向协会报送推荐挂牌备案文件，中国证券业协会对推荐挂牌备案文件无异议的，出具备案确认函的时间为50个工作日内。除此之外，企业申请新三板挂牌转让的时间周期还依赖于企业确定相关中介机构、相关中介机构进行尽职调查以及获得中国证券业协会确认函后的后续事宜安排。

四、企业"新三板"挂牌操作程序

根据现行法律法规的规定，主板、中小板和创业板的股票上市发行实行审核制，企业登陆主板、中小板、创业板，都要向证监会上报申请材料，业经发行审核委员会审核通过方可，这就意味着上市的时间成本、人力成本和费用成本均较为昂贵；而根据《证券企业代办股份转让系统中关村科技园区非上市股份有限企业股份报价转让试点办法（暂行）》（以下简称试点办法）和《主办券商推荐中关村科技园区非上市股份有限企业股份进入证券企业代办股份转让系统挂牌业务规则》（以下简称挂牌业务规则）等相关规定，新三板市场在中国证券业协会的严格监管下，实行备案制，形成了以中国证券业协会自律性管理为主导，政府及券商相配合的多层次监管体制。新三板挂牌操作流程按照以下九个步骤进行：

（一）第一步：中介机构开展尽职调查工作

主办券商、会计师、律师三方中介机构分别与申请挂牌企业达成新三板挂牌的合作意向，签订《保密协议》及中介机构服务合同后，进场对公司财务状况、持续经营能力、公司治理、历史沿革、资产、业务资质以及其他重要问题的合法合规事项进行尽职调查。

上述三方中介机构在对企业进行初步尽职调查以后，判断企业是否符合新三板挂牌的条件，并制定企业重组、整体改制与挂牌方案。该阶段工作时间主要取决于公司问题的复杂程度及各中介机构的工作效率，总体时间应在1个月左右。

（二）第二步：有限责任公司改制为股份有限公司

新三板的挂牌要求之一，是申请挂牌的企业必须为股份有限公司。因此，如果现行公司为有限责任公司，则需要通过改制，将有限责任公司整体变更为股份有限公司。改制过程需确保企业在股权结构、主营业务和资产等方面维持同一公司主体，将有限责任公司整体以组织形式变更的方式改制为股份有限公司，目前较为常用的方式为以有限责任公司净资产折股整体变更为股份有限公司。

有限公司改制需要根据《公司法》等法律规定，召开董事会、股东会，对公司净资产进行审计、评估，并召开股份公司创立大会、董事会、监事会，选举公司董事、监事及高级管理人员，并办理工商变更登记，领取新的营业执照。该阶段所需时间在 1～2 个月。

（三）第三步：中介机构制作挂牌公司申请文件

为使企业在新三板挂牌，主办券商须制作公开转让说明书、主办券商推荐报告，公司会计师须制作审计报告，公司律师须制作法律意见书等申请文件。该申请文件系公司申请在新三板挂牌的必备文件，通常制作时间在 2 个月左右。

（四）第四步：通过挂牌公司的董事会、股东大会决议

整体变更为股份有限公司后，公司董事会召开会议，就拟申请股份到全国中小企业股份转让系统挂牌并公开转让事宜形成决议，并提请股东大会审议，同时提请股东大会授权董事会办理相关事宜。在召开股东大会时，股东大会做出同意公司申请进入"全国中小企业股份转让系统进行公开转让"的决议，制作会议记录，并由会议的出席股东（包括股东代理人）签字。

该次董事会及股东大会是企业到新三板挂牌的必要程序，通常需要 1 个月左右，但可以与其他操作流程同时进行。

（五）第五步：券商内核

券商内核是新三板挂牌的重要环节，主办券商内核委员会审议拟挂牌企

业的书面备案文件并决定是否向协会推荐挂牌。

三方中介机构制作完成股票挂牌申请文件初稿后，律师出具《法律意见书》（内核稿），会计师出具《审计报告》（内核稿），主办券商在律师、会计师工作的基础上制作《公开转让说明书》（内核稿）、《尽职调查报告》（内核稿）及《尽职调查工作底稿》（内核稿）等全套挂牌申请文件。券商项目小组将公司股票挂牌申请文件（内核稿）递交主办券商内核会议审核。内核会议召开后，项目小组根据内核会议反馈意见进行补充调查与说明，并将"对内核会议反馈意见的回复"提交内核专员审核，内核专员审核通过后，出具补充审核意见，同意推荐拟申请挂牌公司进入全国中小企业股份转让系统挂牌。

证券公司出具《主办券商推荐报告》，同意推荐拟申请挂牌公司进入全国中小企业股份转让系统挂牌并公开转让。该阶段工作时间主要取决于各券商内部流程，基本可控制在半个月左右。

（六）第六步：全国中小企业股份转让系统公司审查及证监会核准

这是新三板挂牌的决定性阶段，中国证券业协会审查备案文件并做出是否备案的决定。

主办券商项目小组向全国中小企业股份转让系统公司递交股票挂牌申请文件。全国中小企业股份转让系统公司对股票挂牌申请文件进行反馈，项目小组对反馈意见进行回复和解答，直至全套挂牌申请文件最终封卷归档，全国中小企业股份转让系统公司出具"同意挂牌的审查意见"。

全套挂牌申请文件封卷归档之后，根据《国务院关于全国中小企业股份转让系统有关问题的决定》的规定，股东人数未超过200人的挂牌公司申请在全国股份转让系统挂牌，证监会豁免核准。股东人数超过200人的挂牌公司，主办券商项目小组需向中国证监会递交企业股票挂牌申请文件（单行本），由中国证监会审查通过后出具核准文件。

自将挂牌申请文件递交至全国中小企业股份转让系统公司到取得证监会挂牌核准文件，该阶段主要取决于各中介机构前期工作的质量以及公司本身的资质，对于申请文件，全国中小企业股份转让系统公司通常会进行1~2次的反馈，总体审核时间在2个月左右。

（七）第七步：委托与成交

股份报价转让的委托分为报价委托和成交确认委托两类。报价委托和成交确认委托当日有效，均可撤销，但成交确认委托一经报价系统确认成交则不得撤销或变更。参与报价转让业务的投资者，应当遵守自愿、有偿、诚实信用的原则，不得以虚假报价扰乱正常的报价秩序，误导他人的投资决策。

报价委托	报价委托是买卖的意向性委托，其目的是通过报价系统寻找买卖的对手方，达成转让协议。报价委托中至少要注明股份名称和代码、账户、买卖类别、价格、数量、联系方式等内容。投资者也可不通过报价系统寻找买卖对手，而通过其他途径寻找买卖对手，达成转让协议
成交确认委托	成交确认委托是指买卖双方达成转让协议后，向报价系统提交的买卖确定性委托。成交确认委托中至少要注明成交约定号、股份名称和代码、账户、买卖类别、价格、数量、拟成交对手方席位号等内容。成交约定号是买卖双方达成转让协议时，由双方自行约定的不超过6位数的数字，用于成交确认委托的配对。需要注意的是，在报送卖报价委托和卖成交确认委托时，报价系统会冻结相应数量的股份，因此，投资者达成转让协议后，需先行撤销原卖报价委托，再报送卖成交确认委托

委托的股份数量以"股"为单位，每笔委托的股份数量应不低于3万股，但账户中某一股份余额不足3万股时可一次性报价卖出。投资者在递交卖出委托时，应保证有足额的股份余额，否则报价系统不予接受。

报价系统仅对成交约定号、股份代码、买卖价格、股份数量四者完全一致，买卖方向相反，对手方所在报价券商的席位号互相对应的成交确认委托进行配对成交。在买卖双方的成交确认委托中，只要有一项不符合上述要求的，报价系统则不予配对。因此，投资者务必认真填写成交确认委托。买卖双方向报价系统递交成交确认委托时，应保证有足够的资金（包括交易款项及相关税费）和股份，否则报价系统不予接受。

股份报价转让的成交价格通过买卖双方议价产生。投资者可直接联系对手方，也可委托报价券商联系对手方，约定股份的买卖数量和价格。

（八）第八步：信息披露及股份初始登记

完成上述审批程序之后，挂牌公司向全国中小企业股份转让系统公司申请公司证券简称及证券代码，与深圳证券信息公司联系在指定的公开网站上披露相关文件，主要包括公开转让说明书、公司章程、法律意见书、审计报告、推荐报告等。

申请挂牌公司二次信息披露文件包括：关于公司股票将在全国股份转让系统挂牌公开转让的提示性公告；关于公司定向发行股票将在全国股份转让系统挂牌公开转让的公告（如有）；其他公告文件。二次披露文件时间为T-1日，即挂牌前一个交易日。

公司需与中国证券登记结算有限责任公司深圳分公司签订《股份登记及服务协议》，办理全部股份的集中登记。拟挂牌公司股东初始登记的股份托管在主办券商处。公司控股股东及实际控制人挂牌前直接或间接持有的股份分三批进入系统转让，每批进入的数量均为其所持股份的 1/3。进入的时间分别为挂牌之日、挂牌期满 1 年和挂牌期满 2 年。

（九）第九步：挂牌

在完成股份的初始登记后，公司、主办券商与全国中小企业股份转让系统公司联系确定挂牌日期，完成股份挂牌工作。

公司在新三板挂牌后，应按照规定披露年度报告、半年度报告和临时报告。主办券商对所推荐的公司信息披露负有持续督导的职责。

总体来看，企业在新三板挂牌较公司在主板、创业板上市周期较短。通常意义上讲，如拟挂牌企业需进行股改的，大约需要 2 ~ 3 个月；主办券商进场尽职调查及内核大约需要 1 ~ 2 个月；中国证券业协会审查（包括反馈时间）需要 2 个月；经中国证券业协会核准后可以进行股份登记挂牌，全部流程预计需要半年左右的时间。当然，如果企业自身存在法律或财务等某方面的障碍需要整改的，前述时间会随着整改进度而有所调整。

五、企业"新三板"上市需缴纳的费用

与主板、中小板及创业板相比，企业申请在新三板挂牌转让的费用要低得多。新三板上市业务费用分两部分：一部分是交易所收取的费用；另一部分是各中介机构收取的费用。目前主要中介机构的总体费用在 160 万元左右（依据项目具体情况和主板券商的不同而上下浮动）。若公司已经完成改制，整体费用可酌减。另外，当地政府对新三板挂牌企业都有财政奖励政策，一般在 80 万 ~ 180 万元。

挂牌初费及挂牌年费如下：

挂牌初费	2000 万股（含）以下	3 万元
	2000 万股至 5000 万股（含）	5 万元
	5000 万股至 1 亿股（含）	8 万元
	1 亿股以上	10 万元
挂牌年费	2000 万股（含）以下	2 万元/年
	2000 万股至 5000 万股（含）	3 万元/年
	5000 万股至 1 亿股（含）	4 万元/年
	1 亿股以上	5 万元/年

在新三板市场挂牌后运作成本每年不到 3 万元。主要包括以下费用：

信息披露费（深圳信息公司收取）	1 万元/年
监管费（主办报价券商收取）	约 2 万元/年
交易佣金	0.15%
印花税	无
个人股息红利	最多 10%

关于新三板的税收，国家针对新三板交易，已经出台了印花税、个人股息红利的税收政策，对于其他具体事项并未予以明确；按国务院出台的文件精神，可以参考对沪深两市投资者已经出台的有关税收政策。

企业转让方的纳税义务和风险包括以下三项内容：

| 企业所得税 | 对于法人企业而言，转让"新三板"的股票，属于"财产转让"的范畴，须按照《企业所得税法》的规定，汇入企业应纳税所得税额，按照 25% 的税率缴纳企业所得税 |

营业税	当前，我国针对一般的股权转让和上市公司股票转让实施的是差异化的营业税政策，根据《财政部、国家税务总局关于股权转让有关营业税问题的通知》（财税〔2002〕191号）第二条规定，对股权转让不征收营业税。本条之"股权转让"应当涵盖有限责任公司的股权转让和非上市股份有限公司的股份转让，但不包括上市公司的股票转让。《中华人民共和国营业税暂行条例》第五条第四项规定，外汇、有价证券、期货等金融商品买卖业务，以卖出价减去买入价后的余额为营业额。因此，我国现行税法规定，股票买卖业务属于金融商品转让，属于营业税的金融保险业税目，税率为5%。需要注意的是，由于当前"营改增"正在快速推进，"金融保险业"将纳入增值税体系
印花税	目前，国家针对新三板交易，已经出台了有关印花税的具体规定，根据《关于在全国中小企业股份转让系统转让股票有关证券（股票）交易印花税政策的通知》（财税〔2014〕47号）的规定，自2014年6月1日起，在全国中小企业股份转让系统买卖、继承、赠予股票所书立的股权转让书据，依书立时实际成交金额，由出让方按1‰的税率计算缴纳证券（股票）交易印花税。可见，针对新三板的政策是完全参照沪深两市政策执行的

个人转让方的纳税义务和风险包括以下三项内容：

个人所得税	当前，针对个人转让上市公司股票是暂免个人所得税的，《关于个人转让股票所得继续暂免征收个人所得税的通知》（财税字〔1998〕61号）规定："为了配合企业改制，促进股票市场的稳健发展，经报国务院批准，从1997年1月1日起，对个人转让上市公司股票取得的所得继续暂免征收个人所得税。"而针对限售股，根据财政部、国家税务总局和证监会联合发布的《关于个人转让上市公司限售股所得征收个人所得税有关问题的通知》规定，自2010年1月1日起，对个人转让上市公司限售股取得的所得按20%税率征收个人所得税。对个人转让从上市公司公开发行和转让市场取得的上市公司股票所得继续实行免征个人所得税政策。与此同时，根据国家税务总局《关于发布〈股权转让所得个人所得税管理办法（试行）〉的公告》（国家税务总局公告2014年第67号）的规定，对以下7种情形均征税：出售股权；公司回购股权；发行人首次公开发行新股时，被投资企业股东将其持有的股份以公开发行方式一并向投资者发售；股权被司法或行政机关强制过户；以股权对外投资或进行其他非货币性交易；以股权抵偿债务；其他股权转移行为。同时，该文件第三十条明确规定："个人在上海证券交易所、深圳证券交易所转让从上市公司公开发行和转让市场取得的上市公司股票，转让限售股，以及其他有特别规定的股权转让，不适用本办法。"可见，针对新三板个人转让股票的行为，是否征税需要对转让的股票性质做出判断，如果按照前文所述国务院文件"市场建设中涉及税收政策的，原则上比照上市公司投资者的税收政策处理"，则属于免税范畴

续表

营业税	根据财政部、国家税务总局《关于个人金融商品买卖等营业税若干免税政策的通知》（财税〔2009〕111号）第一条的规定，"对个人（包括个体工商户及其他个人，下同）从事外汇、有价证券、非货物期货和其他金融商品买卖业务取得的收入暂免征收营业税"
印花税	与企业股东的处理一致，自2014年6月1日起，在全国中小企业股份转让系统买卖、继承、赠予股票所书立的股权转让书据，依书立时实际成交金额，由出让方按1‰的税率计算缴纳证券（股票）交易印花税

针对新三板个人投资者取得的股息红利，已经出台了具体的税收文件。2014年6月30日，财政部发布《关于实施全国中小企业股份转让系统挂牌公司股息红利差别化个人所得税政策有关问题的通知》，对全国中小企业股份转让系统挂牌公司股息红利差别化个人所得税政策，自2014年7月1日起至2019年6月30日止，个人持有全国中小企业股份转让系统挂牌公司的股票，持股期限在1个月以内（含1个月）的，其股息红利所得全额计入应纳税所得额；持股期限在1个月以上至1年（含1年）的，暂减按50%计入应纳税所得额；持股期限超过1年的，暂减按25%计入应纳税所得额。上述所得统一适用20%的税率计征个人所得税。同时，根据文件的规定，挂牌公司派发股息红利时，对截至股权登记日个人已持股超过1年的，其股息红利所得直接由挂牌公司计算并代扣代缴税款。对截至股权登记日个人持股1年以内（含1年）且尚未转让的，税款分两步代扣代缴。

需要指出的是，近年来，股权转让引发的税务争议越来越多，新三板交易双方需要在交易前明确应该履行的纳税义务，同时，交易双方在不违反国家法律、法规规定的前提下，可以进行一定税务筹划，以降低交易税负。

另外，各地政府为鼓励上板，均有补贴方案，基本上能与中介费"抵消"。如下述地方政府：

北京	依据《中关村企业改制上市和并购支持资金管理办法》，企业可申请改制资助，每家企业支持 30 万元，企业进入股份报价转让系统挂牌的可获得 30 万元资金支持。主办券商推荐的园区企业取得《中国证券业协会挂牌报价文件备案确认函》后，每家券商可获得 20 万元资金支持
天津	对在国内新三板市场挂牌上市及在天津股权交易所挂牌交易的科技型中小微企业，初始融资额超过 500 万元的，一次性给予 50 万元专项补贴。股份制改造补贴资金采取后补助方式，对完成股份制改造的科技型中小微企业，经公示后，市科委、市财政局给予不超过 20 万元的资金补助；区县财政按 1:1 的比例给予配套补贴
合肥	对完成安徽证监局上市辅导备案的拟上市企业，给予一次性 20 万元补助；对获得安徽证监局辅导验收报告的拟上市企业，给予一次性 30 万元补助；企业进入"新三板"、国内非上市公司股权托管交易市场成功挂牌融资的，给予一次性 20 万元补助
宁夏	对 2014 年、2015 年和 2016 年在"新三板"挂牌的企业，分别给予 100 万元、50 万元和 30 万元的经费扶持，对在宁夏法人股权交易中心挂牌的前 50 家企业给予适当经费扶持
大连	"四板"挂牌企业拟在"新三板"挂牌的，按照确定保荐机构、完成挂牌两个环节分别给予不超过 40 万元和 60 万元补贴，转板补贴额度最高为 100 万元（与直接申请"新三板"挂牌企业享受的不超过 140 万元补贴相同）。通过"新三板"成功发行上市的，一次性给予补贴 160 万元
郑州	支持企业在新三板挂牌。对成功在新三板挂牌的区主导产业（汽车及零部件和装备制造）企业，区管委给予一次性奖励 80 万元；其他产业企业，区管委给予一次性奖励 70 万元。挂牌企业如从代办系统成功转板，视同在境内外成功上市，管委会按上市支持政策予以差额奖励

六、做市商及"新三板"操作流程

2014 年 6 月 5 日，《全国中小企业股份转让系统做市商做市业务管理规定（试行）》（简称《做市业务管理规定》）发布实施，该管理规定与前期已发布实施的《全国中小企业股份转让系统股票转让细则（试行）》（简称《股票转让细则》）一起，构成了全国股份转让系统挂牌公司股票做市转让业务的基本制度框架。

（一）做市商的条件与要求

根据《做市业务管理规定》，凡具备证券自营业务资格，已设立做市业务专门部门、配备开展做市业务必要人员，已建立做市业务管理制度，具备做市业务专用技术系统等条件的证券公司，均可申请在全国股份转让系统开展做市业务。

《做市业务管理规定》第九条规定，做市商做市业务人员应当具备下列条件：

序 号	内 容
1	已取得证券从业资格
2	具备证券投资、投资顾问、投资银行、研究或类似从业经验
3	熟悉相关法律、行政法规、部门规章以及做市业务规则
4	具备良好的诚信记录和职业操守，最近24个月内未受到过中国证监会行政处罚，最近12个月内未受到过全国股份转让系统公司、证券交易所、证券业协会、基金业协会等自律组织处分
5	全国股份转让系统公司规定的其他条件

做市业务人员应当签署《做市业务人员自律承诺书》，并向全国股份转让系统公司报备。

《做市业务管理规定》第十条规定，做市商做市专用技术系统应当满足以下要求：

序 号	内 容
1	符合《全国中小企业股份转让系统交易支持平台数据接口规范》
2	具备开展做市业务所需的委托、报价、成交、行情揭示、数据汇总、统计和查询等必要功能
3	系统操作全程留痕
4	全国股份转让系统公司规定的其他条件

做市商应当制定做市专用技术系统安全运行管理制度，并设置必要的数据接口，便于监管部门及时了解和检查做市业务相关情况。

（二）做市商新三板操作流程

做市商企业相关的系列工作，包括筛选标的、获取做市商筹码及系统上线后为其报价等。

一是筛选企业。对券商来说，想要成为做市商，首先要筛选做市商标的，即筛选企业。目前新三板挂牌企业即将跨过 2400 家大关，更多企业会登陆，券商如何选取合适的目标？业绩是券商较为看重的指标之一。

新三板挂牌近 2400 家企业，不到 200 家企业做市商，可能是没有理解做市商制度对于企业的影响，更深层的原因是就算企业愿意，大部分券商筛选企业的标准很高。大部分券商的选择标准是利润 1000 万元，据说还有券商标准达 3000 万元。投资者投资首先看关注度，没人关注的股票根本无法实现双向报价及买卖；其次看行业，投资人关注一家企业、买入股票，多是基于其成长性，目前业绩好并不一定说明其成长性一定好。

二是获取做市商筹码。这是券商筛选过做市商标的后，向企业买做市商股权的阶段。获取做市商筹码的过程中，券商与企业股权价格的博弈是重点。券商拿股权的价格就好比底牌，这是底线。以比较便宜的价格从企业得到股权，股价越高收益越高。目前，券商采用两种方式获取要参与做市商企业的股权：定向增发和协议转让。

定向增发是指上市公司向符合条件的少数特定投资者非公开发行股份的行为，规定要求发行对象不得超过 10 人，发行价不得低于公告前 20 个交易日市价的 90%，发行股份 12 个月内、认购后变成控股股东或拥有实际控制权的 36 个月内不得转让。定向增发的作用有以下七点：

序 号	内容
1	利用上市公司的市场化估值溢价（相对于母公司资产账面价值而言），将母公司资产通过资本市场放大，从而提升母公司的资产价值
2	符合证监会对上市公司的监管要求，从根本上避免了母公司与上市公司的关联交易和同业竞争，实现了上市公司在财务和经营上的完全自主
3	对于控股比例较低的集团公司而言，通过定向增发可进一步强化对上市公司的控制
4	对国企上市公司和集团而言，减少了管理层次，使大量外部性问题内部化，降低了交易费用，能够更有效地通过股权激励等方式强化市值导向机制
5	时机选择的重要性。当前上市公司估值尚处于较低位置，此时采取定向增发对集团而言，能获得更多股份，从未来减持角度考虑，更为有利
6	定向增发可以作为一种新的并购手段，促进优质龙头公司通过并购实现成长
7	非公开发行大股东以及有实力的、风险承受能力较强的大投资人可以以接近市价乃至超过市价的价格，为上市公司输送资金，尽量减少小股民的投资风险。由于参与定向的最多 10 名投资人都有明确的锁定期，一般来说，敢于提出非公开增发计划并且已经被大投资人所接受的上市公司，会有较好的成长性

协议转让是指产权交易双方在交易中心主持下通过洽谈、协商后以协议成交的交易方式。具体包括两种形式：其一是公开征集后的协议转让。为了保证在产权转让过程中国有资产不流失，企业国有产权转让过程中对于采用

协议转让有严格要求，通过公开征集，只产生一个受让方的，可以采取协议转让，但是仍需要做好可行性研究，按照内部决策程序进行审议，并形成书面决议。其二是经批准的协议转让。经省级以上国有资产监督管理机构批准的也可以采取协议转让，有两种情况可以批准。第一种情况是对于国民经济关键行业、领域中对受让方有特殊要求的，经批准可以采用协议转让；第二种情况是企业实施资产重组中将企业国有产权转让给所属控股企业的国有产权转让，这种情况是一个企业集团内部的转让，目的是达到资产机构的优化配置，在产权转让过程中不会存在国有资产流失问题，经批准后可以采用协议转让。

不论是哪种情况的协议转让，出让方都应当精心设计转让方案，就员工安置、债权债务处理、企业的发展等问题与出让方反复协商，达到双方都比较满意的结果，尤其是涉及员工利益的问题，一定通过职代会讨论，形成职代会决议。

三是做市商报价。做市过程简单来讲是选择利润高的企业，低价买入股票，用简单的软件操作。目前，券商只能粗糙地用平衡持仓量的方式来进行做市商报价，达到"市场上一半人认为高、一半人认为低"的合理价格。持仓量高低反映出报价是否合理。券商报价过高，卖给券商的人太多，导致持仓量太高；如果报价太低，持仓量会太低，所以为了合理报价，券商需要通过报价来平衡持仓量，如此才能达到双向报价成交，券商获得买卖价差，同时所持股票库存量不发生大的变化的理想状态。但长远看，还需要真正的做市商策略软件进行合理报价。同时，成交量不会立刻活跃，原因在于很多券商还没有开发完成做市商策略软件。现在的软件更多地从证券交易所的角度，对做市商基本规定进行监督，如每天报价时间不得低于 3 小时，买卖价差不得超过 5%，做市商交易完成 5 分钟后必须报价，是最简单的管理流程。

值得一提的是，真正意义上的做市商，是通过专业的研究，给相关证券提出合理的价格波动区间，并且进行相应的买卖交易活动，以维持其必要的流动性，让投资者了解这只股票，也为公司的发展提供支持。好的做市商不会把做市的股票价格抬得很高，也不会让其跌得很惨，更不会试图通过做市交易而大赚其中的差价，它的目的就是为企业合理定价服务，为投资者理性投资服务。能够做到这一点的做市商，正是我们所需要的，也是中国资本市场发展过程中所不可或缺的一支力量。

第六章　功能创新：为登陆"新三板"重新定义企业

企业挂牌新三板需要重新定义自己的公司并为此做好充分的准备工作，具体包括：增强挂牌企业融资能力；有效提升企业规范治理水平；提升企业公众形象和认知程度；通过监管降低股权投资风险；提振员工信心，增强公司凝聚力。事实上，这些重新定义企业的工作，已经成为了决定企业上市成功与否的关键。

一、增强挂牌企业融资能力

企业融资是指企业为平衡企业及其内部各环节之间资金供求而进行的资金融通。资金短缺时，企业以最小的代价获得资金；资金盈余时，以适当的方式投放出去，以取得最大的收益。从而实现资金供求的平衡。

（一）旧有融资方式及其缺陷

企业融资按照有无金融中介分为两种方式：直接融资和间接融资。直接融资是指不经过任何金融中介机构，而由资金短缺的企业直接与资金盈余的企业协商进行借贷，或通过有价证券及合资等方式进行的资金融通，如企业债券、股票、合资合作经营等。间接融资是指通过金融机构为媒介进行的融资活动，如银行信贷、非银行金融机构信贷、委托贷款、融资租赁、项目融资贷款等。

在我国，直接融资主要是公开上市。上市的前提是符合我国法律法规规定的公司上市的条件。例如在公司治理方面要求：发行人已经依法建立健全股东大会、董事会、监事会、独立董事、董事会秘书制度，相关机构和人员能够依法履行职责；发行人董事、监事和高级管理人员符合法律、行政法规和规章规定的任职资格；发行人的董事、监事和高级管理人员已经了解与股票发行上市有关的法律法规，知悉上市公司及其董事、监事和高级管理人员的法定义务和责任；内部控制制度健全且被有效执行，能够合理保证财务报告的可靠性、生产经营的合法性、营运的效率与效果。在公司独立性方面要求：应具有完整的业务体系和直接面向市场独立经营的能力；资产应当完整；人员、财务、机构以及业务必须独立。而事实上，我国的中小微企业，特别是高新技术企业在创业初期是很难达到法律规定的上市要求的。

对于我国的中小微企业，特别是处在创业阶段的高新技术企业，间接融资最主要的就是银行信贷。虽然世界上许多国家都重视支持中小微企业发展，把中小微企业作为改善就业和增进竞争力的重要对象，商业银行不遗余力地支持中小微企业发展，但是在我国事实恰恰相反。商业银行偏好贷款给大型国有或者民营企业，根本不愿意贷款给中小微企业。这是因为大型企业公司治理规范、财务管理明晰、社会信誉度高、盈利能力强，银行将资金借贷给它们风险小、资金回报率高；而中小微企业较之大型企业，大都公司治理不规范、财务状况不清晰、社会信誉度不高，更为不利的是这些企业多处于竞争性领域，市场的利润较低。银行如果将资金借贷给中小微企业，不仅导致银行的资金回报率低，还要承担比较大的风险，甚至出现难以回收的坏账。由此可见，中小微企业，特别是处在创业阶段的高新技术企业，向银行借贷存在极大的困难。

无论是通过直接融资的渠道，还是通过间接融资的渠道都难以解决处在创业初期的高新技术企业资金短缺的问题，由此，专门面向高新技术企业的融资渠道新三板应运而生。鉴于高新技术企业的资金需求总量不大、周期较短，但融资需求高等特点，新三板无疑是高新技术企业融资的最佳选择。

高新技术企业，不仅可以很好地在新三板进行定向增资，获得所需的资金，还可以通过发行集合债券的方式获得融资，而且做了融资的企业股票可以拿到银行作抵押进行融资，同时由于高新技术企业在新三板的挂牌倒逼这些企业去完善公司治理结构，从而在间接融资中尤其是向银行进行借贷时会获得更高的授信额度。新三板大大地提高了挂牌企业的融资能力，解决了企业发展的后顾之忧。

（二）新三板融资方式

新三板确立了以"小额、快速、按需融资"为特点的符合中小微企业实际情况的市场化融资制度，其融资方式主要分为股权融资和债权融资。

股权融资是指企业的股东愿意让出部分企业所有权，通过企业增资的方式引进新的股东的融资方式。新三板股权融资具有如下特点：

特 点	内 容
定向发行	经中国证监会核准,挂牌公司可定向发行股票,包括向特定对象发行股票导致股东累计超过200人,以及股东人数超过200人的公众公司向特定对象发行股票两种情形。公司挂牌的同时可以定向发行股份（类似IPO）
特定对象	特定对象的范围包括下列机构和自然人:一是公司股东;二是公司的董事、监事、高级管理人员、核心员工;三是符合投资者适当性管理规定的自然人投资者、法人投资者和其他经济组织。公司确定发行对象时,符合第二项、第三项规定的投资者合计不得超过35名
储架发行	公司申请定向发行股票,可申请一次核准,分期发行。自中国证监会予以核准之日起,公司应当在3个月内首期发行,剩余数量应当在12个月内发行完毕。首期发行数量应当不少于总发行数量的50%,剩余各期发行的数量由公司自行确定
小额豁免	挂牌公司向特定对象发行股票后股东累计不超过200人的,或者挂牌公司在12个月内发行股票累计融资额低于公司净资产的20%的,豁免向中国证监会申请核准,仅须在每次发行后5个工作日内将发行情况报中国证监会备案
监管宽松	募投项目不是定向发行的必要条件,不要求披露具体项目情况,只要求披露募集资金投向;定向发行股份没有限售要求;定向发行没有时间间隔要求

债权融资是指企业通过借钱的方式进行融资,债权融资所获得的资金,企业要先承担资金的利息,在借款到期后要向债权人偿还资金的本金。债权融资的特点决定了其用途主要是解决企业营运资金短缺的问题,而不是用于资本项目的开支。

目前新三板允许的债权融资有公司债、债转股的可转债、中小微企业的私募债,新三板发行的中小微企业私募债票面利率只有约8%,在市面上来说是非常低的。随着扩容工作进一步深入,新三板还将会有更多融资方式出现。

（三）增强挂牌企业融资能力

作为全国性证券交易场所,新三板是挂牌公司股票公开转让的交易平台,也为中小微企业提供定向发行等融资服务。新三板企业股票转让通过实施定向增发、引入新投资者等方式，可较好地满足公司的融资需求。

以武汉尚远环保为例，该公司自从在新三板挂牌之后，实施定向增发方案，向 7 家机构投资者合计募资约 3000 万元，主要用于补充公司流动资金、建设研发中心等。募集资金到位后，将使公司股本、净资产、每股净资产等财务指标有较明显的提高，降低公司财务风险。同时，还将大幅提升公司产品和服务的技术含量及核心技术水平。

对于类似尚远环保的中小微企业而言，新三板在定向发行上为其开辟了"绿色通道"。根据《非上市公众公司监督管理办法》和《全国中小企业股份转让系统有限责任公司管理暂行办法》等规定，新三板简化了挂牌公司定向发行的核准程序，对符合豁免申请核准要求的定向发行实行备案制管理，同时对定向发行没有设定财务指标等硬性条件，只需要在公司治理、信息披露等方面满足法定要求即可。在发行方式上，挂牌公司还可通过一次核准、一年内分期发行的方式募集资金。

总之，新三板为挂牌企业融资进行了创新，多数新三板公司在增资过程中，创投机构占 50% 以上，发行市盈率也得到提高；增加了股东的抵押贷款能力，金融机构将逐步对新三板挂牌公司实行股权质押贷款；增加了授信，新三板企业规范运作、财务清晰、前景广阔，将获得银行等金融机构更高的授信额度。公司通过新三板进行市场化的兼并、收购、股权债权融资、股权激励、员工持股等，资本运作功能较为齐全，从而增强了挂牌企业的融资能力。

二、有效提升企业规范治理水平

企业到新三板挂牌，开始从一家非公众公司走向公众公司，需要经历一系列"基因改造"流程，公司的规范治理是其中最重要的一环。挂牌公司通过建立完善的法人治理结构和合理的信息披露制度，以及通过改制辅导和持续督导，可以提高企业规范治理水平。

（一）挂牌新三板中小微企业的自身特点

有意向挂牌"新三板"的企业，普遍为中小微企业，其公司治理结构普遍粗糙，"人治"的特点更为明显；同时，公司经营行为随意，不合法、不合理的行为屡有发生。

在治理结构方面，中国法制的建设经历了很长时间的停滞，"公司治理"的概念直到近年才越来越为企业家们所关注；而中小微企业多年来由于生存压力和竞争压力，需要更多地思考如何"活下去"，无暇顾及公司治理的内部完善。中小微企业股东结构相对简单，只要业务发展良好，诸多与公司治理相关的缺陷都可以被覆盖和忽略。在这种情况下，多数中小微企业实际上是依靠公司实际控制人的主观意志来运行，并没有形成良性的公司治理机制。

在经营行为方面，由于中小微企业"人治"的特点，股东与企业间的资金拆借、公司为股东的借款提供担保、注册资金转移等行为是无法有效避免的。多数有意向挂牌"新三板"的公司，都在财务和管理上存在或多或少的漏洞和不当行为，这是中小微企业无法回避的硬伤。

中小微企业由于自身的特点，在面临生存和发展的双重压力下，很容易在"人治"的主导下出现不合理、不合规、不合法的行为。一家企业在进入资本市场以前，影响只限于企业本身；但一旦挂牌新三板，企业在公司治理方面的风险如果爆发，危及的将是广大投资者，包括符合条件的个人投资者，甚至会波及整个新三板市场。

从另一个角度来看，提升新三板挂牌企业的公司治理，本身也是提升整个新三板市场的层次和水平的必然要求。依靠市场的外部监管，企业的提升是被动的、有限的。而企业由内而外地改善公司治理，这种改变是主动的、良性的、可持续的。企业自身的提升，反过来也会促进整个市场的整体提高，进而吸引更多的企业进入这个市场。这种作用是相互激发、相互促进的。

（二）提升挂牌企业规范治理水平

新三板对挂牌企业的要求是：依法设立且存续满两年；业务明确，具有持续经营能力；公司治理机制健全，合法规范经营；股权明晰，股票发行和转让行为合法合规。这些要求，明显具有规范公司治理的指向。挂牌"新三板"的企业的自身特点，表明在公司治理方面存在一些问题，因此，企业通过在新三板挂牌，可促使挂牌公司建立完善的法人治理结构和合理的信息披露制度，为公司后续资本运作打下基础。

例如，成功从新三板转入 IPO 的久其软件于 2009 年 8 月 11 日在中小板发行上市；北陆药业于 2009 年 10 月 30 日在创业板发行上市；世纪瑞尔于 2010 年 11 月 8 日通过发行审核，并于 2010 年 12 月 22 日在深圳证券交易所创业板发行上市。

又如，北京双杰电气股份有限公司过去重技术、轻管理，管理理念、治理结构、规范意识滞后。在券商的辅导和持续督导下，健全了股东会、董事会、监事会，形成制衡机制，还聘请了独立董事，制定了关联交易、内控体系等管理制度，企业规范治理水平大幅提升。

另外，通过股份改制，可以提高企业规范治理水平，实现可持续发展。一般来说，有限责任公司改制为股份有限公司，并不涉及主营业务的变动，亦即不存在资产重组的问题。而从财务报表上来看，改制前后的公司仍然是一个持续经营的会计主体，其资产负债也不会发生改变，只是需要将有限责任公司经审计的净资产额折合为股份有限公司的股本总额。因此，企业的股份制改造核心即在于评估资产、设计股权、完善治理。

在公司改制的过程中，改制工作小组是企业改制的组织者，通常由董事长或董事会秘书牵头，汇集公司生产、技术、财务等方面的负责人。改制的过程涉及各方面工作的安排，包括企业内部的部门协调和资源调配、企业外部的股东引入和中介联络，以及改制文件的起草和报备等，这些都必须在工作小组的统筹下运行。如果在改制过程中遇到需要进行商讨的问题，工作小组需要安排临时会议加以讨论，必要时应提请董事会决定。此外，包括发起人确认、改制方案的拟订和认可、办理变更登记的程序在内的运作机制，显然有助于企业规范治理能力的提升。

尤其重要的是，企业在挂牌"新三板"后，主办券商需要对挂牌企业股份改制进行"持续督导"。在督导的过程中逐步改善和提高挂牌企业的公司治理水平，这种方式更容易被企业所接受，也更容易起到由内而外的实际效果。作为持续督导的主办券商，是具备专业指导的实力和能力的，如果在观念上与企业达成一致，给予足够重视，相信就能够形成在公司治理上的良性氛围，更好地提升企业的公司治理水平。事实上，企业配合券商、律师、会计师进行调查，目的是了解企业基本情况，为进一步提出改制方案打基础。

中小微企业挂牌过程中在券商、律师事务所、会计师事务所等专业中介机构的介入下，企业可以初步建立起现代企业治理和管理机制；挂牌后在主办券商的持续督导和在证监会、全国股份转让系统的监管下规范运营，因此可有效提升规范度。当然，要实现这一点，企业需要专业中介机构的参与和长期服务。

三、提升企业公众形象和认知程度

企业挂牌新三板后，公司重大生产经营活动需通过全国中小企业股份转让系统有限责任公司网站或其他媒体对外公布，加之监管主体和推荐券商对企业的信息披露和治理结构的监督和辅导，能有效地吸引市场的关注，提升企业公众形象、认知度、知名度，能够起到很好的广告效应，增加品牌的价值。在进行市场拓展、取得客户信任、提高公众认知及获取银行和政府支持方面都更为容易。

新三板能从多方面提升企业的品牌价值。根据《中关村国家自主创新示范区新技术新产品（服务）认定管理办法》的规定，北京市科委、中关村管委会公布认定了408个产品为第一批中关村国家自主创新示范区新技术新产品，其中，天一众合有3个产品被认定，北科光大、紫光华宇、佳讯飞鸿、赛亿科技、乐视网、海兰信数据等多家上市挂牌企业的产品服务被认定为中关村国家自主创新示范区新技术新产品。新三板对企业的价值不断得到体现。

此外，2008年在新三板挂牌的京鹏科技，2009年即得到了投资机构的广泛关注，同年还荣获"中关村最值得PE关注企业"证书。2010年，数十家投资机构先后主动联系公司洽谈合作。总体上，大幅提升了企业形象和认知度，为市场拓展奠定了基础。

以技术人才为发展核心、市场化程度高的中航百慕新材料技术工程股份有限公司，挂牌新三板后，采取股权激励，吸引大批优秀员工入股，核心团队对公司未来充满信心，人员稳定，业绩稳定增长。

北京六合伟业科技股份有限公司成立于 2003 年，资本金 3250 万元。2012 年 6 月，公司改制为股份有限公司，2013 年 1 月 31 日在"新三板"挂牌，并分别在 2013 年 7 月、9 月成功实施两次定向发行。凭借良好的质量、有竞争力的价格以及完备的售后服务，公司在国内外钻井测量仪器市场上不断突破，业绩稳定增长。

2014 年 1 月 7 日，地处北京南四环西路的六合伟业三楼的会议室里坐满了投资者，既有来自基金公司、证券公司的机构投资者，也有关注这家公司的个人投资者，还有不少媒体，大约 30 多人。从业务发展情况到融资计划，从市场竞争格局到公司的远景目标，不少人抛出了颇为专业的提问，显然做足了准备。在六合伟业董事长冯建宇看来，上新三板帮助公司在原有扎实的基础上往资本市场更进了一步，公司品牌影响力得到很大提升，为公司获得银行贷款增加了很多便利。不过也正由于目前银行支持力度较大，银行贷款暂时还没有用完，因此公司对于融资也比较谨慎，只有碰到"特别好的、成熟的"项目，才可能考虑通过融资进行投资。他认为，在条件合适的情况下，也可能考虑转板。

事实证明，在全国性的市场中挂牌，有众多关注的目光，可以很好地宣传企业，提高公司的知名度，有利于拓展业务、促进公司发展。

四、通过监管降低股权投资风险

新三板挂牌的公司是非上市公司，其股票交易并不是连续交易，而是通过集合竞价方式进行集中配对成交，投资者买卖股票很不方便。想买买不到，想卖卖不出，这是投资者经常遇到的风险。在这种情况下，就需要建立与投资者风险识别和承受能力相适应的投资者适当性管理制度，主办券商的督导和证券业协会的监管则可以有效降低股权投资风险。

（一）通过主办券商的督导降低股权投资风险

2014年10月9日发布的《全国中小企业股份转让系统主办券商持续督导工作指引（试行）》（以下简称《指引》），对于降低股权投资风险具有重要意义。

《指引》规定，主办券商应履行的职责包括：指导、督促挂牌公司完善公司治理机制，提高挂牌公司规范运作水平；指导、督促挂牌公司规范履行信息披露义务，事前审查挂牌公司信息披露文件，发布风险揭示公告；开展挂牌公司现场检查工作，督促挂牌公司进行整改；建立与挂牌公司的日常联系机制，对挂牌公司进行培训和业务指导；关注挂牌公司的重大变化，向全国股份转让系统公司报告挂牌公司重大事项，调查或协助调查指定事项，并配合做好挂牌公司的日常监管；全国股份转让系统公司规定的其他职责。

《指引》还规定，主办券商及其持续督导人员出现以下情形之一的，全国股份转让系统公司视情形对主办券商及其相关人员采取出具警示函、暂不受理文件、通报批评、公开谴责等自律监管措施或纪律处分；情形严重的，限制、暂停直至终止主办券商从事推荐业务；并视情节轻重，及时向中国证监会报告。这些情形指的是：持续督导工作底稿等与督导相关的文件存在虚假记载、误导性陈述或重大遗漏，或者未按规定建立持续督导工作底稿；唆使、协助或者参与挂牌公司披露存在虚假记载、误导性陈述或者重大遗漏的信息；不配合全国股份转让系统公司自律管理工作；通过持续督导工作谋取不正当利益；严重违反诚实守信、勤勉尽责义务的其他情形。

新三板持续督导的内容包括挂牌公司信息披露、规范运作、信守承诺与公司治理机制等。《指引》第二十八条规定，主办券商在持续督导过程中发现挂牌公司存在重大风险或重大违法违规情况的，挂牌公司不予配合或者拒绝按照要求整改的，应及时报告全国股份转让系统公司。华恒生物等八家挂牌公司涉嫌操纵股价，各主办券商在持续督导过程中，难道事前没有发现重大违法违规的迹象？难道没有对协议转让的高价格提出异议？券商是否诚实守信，是否勤勉尽责，值得怀疑。

为确保主办券商能够顺利开展工作，《指引》强调了挂牌公司对持续督导工作的配合义务，要求挂牌公司支付持续督导费用，接受主办券商指导和督促，及时向主办券商报告重大事项、报送相关材料，为主办券商开展持续督导工作创造必要条件，同时《指引》赋予主办券商以下权利：列席挂牌公司股东大会、董事会和监事会，发布风险揭示公告，要求挂牌公司进行整改，等等。

《指引》的发布实施，是全国股份转让系统进一步落实和完善主办券商制度的重要举措，主办券商督导工作将有法可依、有章可循，这对于落实主办券商督导责任，规范主办券商督导行为有重要意义，也有利于切实提高挂牌公司信息披露质量和公司治理水平，促进挂牌公司规范运作，促进全国股份转让系统平稳健康发展。

（二）通过证券业协会的监管降低股权投资风险

鉴于新三板市场正在吸引越来越多的投资者进场，证监会要求全国股转系统公司严厉打击违法违规行为，以降低股权投资风险，维护资本市场的平稳发展。证监会支持基金管理公司在有效保护投资者利益、防范相关风险的前提下，试点推出投资于新三板挂牌股票的公募基金产品。支持合格境外机构投资者（QFII）、人民币合格境外机构投资者（RQFII）投资于新三板挂牌股票。

最重要的是，证券业协会出台的相关法律法规，对股权投资风险起到了很好的防范和遏制作用。

总之，新三板制度的确立，使得挂牌公司的股权投融资行为被纳入交易系统，同时受到主办券商的督导和中国证券业协会的监管，自然比投资者单方力量更能抵御风险。

五、提振员工信心，增强公司凝聚力

公司挂牌新三板后，估值水平上升且可公开转让，员工股权激励的吸引力和可行性大大增加，企业能够吸引和留住优秀人才，增强公司凝聚力。

股权激励，是指公司以本公司股份为标的，对其董事、监事、高级管理人员及其他员工进行的长期激励。股权激励是通过经营者获得公司股权形式给予企业经营者一定的经济权利，使他们能够以股东的身份参与企业决策、分享利润、承担风险，从而勤勉尽责地为公司的长期发展服务的一种激励制度，通常情况下包括员工持股计划、股票期权和管理层收购。

对于股权激励计划，新三板持较为开放的态度。截至 2015 年 1 月 27 日，新三板已有多家公司公告了股票期权或限制性股票激励计划，更多的公司则是选择直接向员工或员工持股平台定向增发新股以达到股权激励的目的。联讯证券实施的员工持股计划则开创了新三板挂牌公司实施员工持股计划的先河。

（一）员工持股计划

新三板挂牌公司联讯证券是为上市公司、国有企业、外资企业、民营非上市公司提供中国境内及海外并购重组方面的全程法律服务的公司，2015 年 1 月 23 日晚，该公司公告了其第一期员工持股计划。联讯证券成为新三板市场中首个公告员工持股计划的挂牌公司。

联讯证券员工持股计划设立后委托中信信诚资产管理有限公司管理，并全额认购由中信信诚资产管理有限公司设立的中信信诚联讯启航 1 号专项资产管理计划（以下简称启航 1 号资管计划）的次级份额。具体包括以下内容：

定人	联讯证券员工持股计划的参加对象为截至 2014 年 12 月 31 日公司全体在册正式员工，总人数不超过 1025 人，其中公司董事、监事和高级管理人员认购份额占员工持股计划总份额的初始比例不超过 25.37%。联讯证券参考了高科技企业中盛行的全员持股理念，将此次员工持股计划的覆盖面扩大到全体在册员工
定量	联讯证券员工持股计划全部份额对应标的股票总数不超过 5716 万股，占公司现有股本总额的比例不超过 4.71%。由于联讯证券目前无实际控制人，持股比例最大的股东海口美兰国际机场有限责任公司持股比例为 28.38%，未来启航 1 号资管计划将成为公司第六大股东

续表

定时	启航 1 号资管计划所获标的股票的锁定期为 12 个月；本员工持股计划的存续期为 24 个月
定价	启航 1 号资管计划认购公司标的股票的价格为每股 1.46 元，该价格相较于公司每股净资产每股 1.25 元略有上浮
股份和资金来源	联讯证券员工持股计划股份来源为公司向启航 1 号资管计划定向发行的新股。"启航 1 号资管计划"按照 1∶1.5 设立次级份额和优先级份额，优先级份额按照 10.7% 的年基准收益率按实际存续天数优先获得收益。员工出资认购次级份额，员工出资总额不超过 8345.36 万元

　　相较于股票期权、限制性股票或员工作为认购对象的定向增发，员工持股计划最大的特点是将股权激励多针对高管的激励范围扩大到普通员工，激励更具普惠性，同时克服了新三板定向增发在人数上的局限性。除此之外，员工持股计划没有业绩考核制度，计划的推进也将更为便利。对于员工来说，员工持股计划相较于股票期权等成熟激励工具的劣势就是公司股价的波动所带来的收益风险将毫无缓冲地转嫁到激励对象的头上。对于未来可能出现的公司股价异常波动，员工持股计划中资管计划管理机构都会设定止损及强制补仓机制，极端情况一旦出现，公司员工的利益将受到巨大损失。对于公司来说，虽然员工持股计划不会造成公司营运成本的降低，但联讯证券选择向内部员工以较低的价格增发新股，对公司原有股东的利益及未来投资者对于公司的估值将造成一定程度上的影响。

　　联讯证券的股权激励计划，充分体现了新三板市场得天独厚的制度红利及市场化运作丰富的想象空间，但金融企业的员工持股计划仍存在一定的推进阻力，需要通过进一步明确、完善相关法规，最大限度地发挥股权激励或员工持股计划对于金融企业的推动作用。

（二）股权激励的"公允价值"

企业要留住或者吸引人才如果仅仅给予其股份是不够的，还要让这个股份能够在资本市场得以流通，从而产生财富效应，发挥"股权激励"的最大效用。

新三板做市股麟龙股份于 2015 年初公告拟向 34 名核心员工定增 8 万股，定增价为每股 10 元，相比公司目前的做市股价每股 63.2 元，折价超过八成。该企业通过挂牌新三板得到了"公允价值"，实现了股权激励的造富神话。

没有"公允价值"，企业的股权激励往往成为纸上谈兵，难以真正提高员工的积极性。一位挂牌企业老总曾坦言，他们早已着手操作股权激励，但效果看起来并不明显，有的员工甚至希望早点把手中的股份转让变现。"阿里巴巴上市创造万名千万富翁员工的故事倒是让大家精神为之一振，可惜公允价值需要通过上市途径才能实现。"这位老总"惭愧"自己还无法带领企业上市。其实，进入资本市场，企业首先想到的都是主板、中小板或者创业板，但其高门槛让企业望而却步，而相对低门槛的新三板却被"忽略"了。

新三板考虑到股权激励是创新创业型中小微企业吸引人才的重要手段，因而允许申请挂牌公司存在未行权完毕的股权激励计划（如限制性股票或股票期权等），由企业在合法合规前提下自主决策，并充分如实披露即可。当然，根据证监会规定及新三板业务规则，企业在挂牌后也可以通过定向发行的方式向公司员工进行股权激励。在这个政策下，新三板的流动性将与主板趋向一致，挂牌企业股权的公允价值也能够得到充分体现。说不定将来的某一天，"股权激励"在新三板中的造富神话，就是由挂牌企业所创造的。

第七章 依法清障:"新三板"挂牌法律问题及解决思路

在一个法治社会,对经济领域的规范显得必要和紧迫,尤其是新三板大局初开,各方面更需要规范。在实践当中,对于挂牌新三板企业面临的主体资格相关法律问题、清理股权转让过程中的股份代持问题、无形资产出资引发的风险问题、关联交易和同业竞争问题、外商投资企业股改相关法律问题等,国家出台了一系列法律法规,广大的企业法务工作者也为此做出了积极的努力,提出了宝贵的切实可行的解决思路,推动了新三板市场步入良性发展轨道的进程。

一、"新三板"主体资格相关法律问题

主体资格问题往往与公司治理密切相关,这些问题如不能得到妥善解决,将会严重影响企业挂牌新三板的进程。而主体资格的相关法律问题中,股东200人上限和股份代持问题又显得尤为醒目。

（一）公司股东人数超 200 人问题

股份有限公司股东 200 人上限问题是公司与资本市场领域中的重要问题。我国《公司法》明确要求股份公司股东人数应为 2 人以上，200 人以下。《证券法》明确规定"向特定对象发行证券累计超过 200 人的"属于公开发行，需依法报经中国证监会核准。而对于现实中在挂牌前股东人数已经超过 200 人的企业的挂牌问题，证监会专门做出规定，指出对于股东人数已经超过 200 人的未上市股份有限公司，符合一定条件的，可申请公开发行并在新三板公开挂牌转让。

目前股东人数超过 200 人的"问题公司"大致有以下五种：一是 1994 年 7 月《公司法》生效前成立的定向募资公司，内部职工直接持股；二是工会、职工持股会直接或代为持股；三是委托个人持股，其实质上是一种一托几的代持方式；四是信托持股，这种类型的案例较少；五是其他因公司不规范增发和股权转让导致超过 200 人的情况。

现实中，职工持股是造成股东人数超过 200 人的主要原因，有些企业采用将分散的个人股权集中到职工持股会或工会持股，或设立有限责任公司（即"壳公司"）持股等方式，事实上很难规范、有效地解决职工持股问题。根据证监会《关于职工持股会及工会持股有关问题的法律意见》（法协字［2002］第 115 号）、《关于职工持股会及工会能否作为上市公司股东的复函》（证监会法律部［2000］24 号）的规定，职工持股会不得作为上市公司股东，证监会也不受理工会作为股东或发起人的公司公开发行股票的申请。而根据目前的审核标准，对于单纯以持股为目的设立的公司，股东人数应合并计算，因此设立壳公司持股的方式也不能解决问题。采用委托持股、信托持股等方式也不可行，因为证监会明确规定股权必须明晰，股权需直接量化到实际持有人,量化后不能出现股东人数超过 200 人的情形。

解决因职工持股导致股东人数超过 200 人的问题主要有两种方案:一是通过股权转让将股东人数减少到 200 人以下。在此过程中,转让的合法合规性非常重要,比如转让是否出于真实意思表示,股权转让价格是否公平合理,转让协议是否合法有效,价款是否及时支付等,都是监管部门关注的焦点,律师必须严格审查,否则可能会造成较大的风险。二是通过回购股权减少股东人数。此种方法与股权转让类似,只是股权的受让方是公司本身。该方式在减少股东人数的同时,注册资本或股本也相应减少。股权回购是否合法合规同样是监管部门关注的重点。

不论上述哪一种方式,律师都必须在法律意见书中对此进行详细说明,并出具明确的法律意见。这里有一个可参考的案例——捷虹股份职工持股会将股权全部转出并解散。

捷虹股份原来有职工持股会,律师对捷虹股份职工持股会的形成、演变、退出过程进行了详细说明,并就退出过程是否存在纠纷或潜在纠纷出具了结论性意见,认为持股会是特定历史过程的产物,符合当时的法律法规及相关政策规定,其演变及退出过程合法有效。具体结论描述如下:上述持股会的形成、演变和退出过程,在持股会设立时,取得了全体会员的表决同意,股本演变按照约定的章程进行,股本全部转出后,经全体会员一致决定解散。2013 年 2 月 27 日,当时的全体会员一致签署声明,确认当时持股会的行为有效,不存在纠纷或潜在纠纷。

综上,律师认为,持股会是特定历史过程的产物,符合当时的法律法规及相关政策规定,其演变及退出过程合法有效。公司符合《全国中小企业股份转让系统业务规则(试行)》第二章第一条第四款"股权明晰、股份发行转让合法合规"的挂牌条件。

对于因历史原因确实无法将股东减少到200人以下的，根据相关文件规定，只要满足证监会相关要求，可以在获得证监会前置行政许可后，申请公开发行股份并在股转系统挂牌公开转让，具体流程依次如下：

1	超过200人的公司选择券商、会计师、律师进行相关尽职调查，完成股份的梳理和确权工作，并按要求准备上报证监会的相关文件
2	证监会受理材料，并按程序转非上市公众公司监管部进行形式审查、实质审查和进行相应反馈
3	证监会出具相应的行政许可文件
4	登陆新三板进行挂牌并公开转让

需要注意的是，向证监会提供的文件主要包括：企业法人营业执照；公司关于股权形成过程的专项说明；设立、历次增资的批准文件；证券公司出具的专项核查报告、律师事务所出具的专项法律意见书，或者在提交行政许可的法律意见书中出具专项法律意见等。

另外，《国务院关于全国中小企业股份转让系统有关问题的决定》第三条明确规定"简化行政许可程序"，即依法需要核准的行政许可事项，证监会应当建立简便、快捷、高效的行政许可方式，简化审核流程，提高审核效率，无须再提交证监会发行审核委员会审核。因此，对于股东人数超过200人的公司，事实上审批程序也比IPO快捷很多。在程序和时间上，证监会的行政许可所需要的文件与挂牌新三板所需要的文件大致相当，因此在得到行政许可的同时直接申请在新三板挂牌可以省去大量的成本和时间。

（二）股份代持问题

股份代持又称股权代持、委托持股、隐名投资或假名出资，是指实际出资人与他人约定，以他人名义代实际出资人履行股东权利义务的一种股权或股份处置方式。在此种情况下，实际出资人与名义出资人之间往往仅通过一纸协议确定存在代为持有股权或股份的事实。

前面提到的职工持股会实际上也是一种股份代持方式。目前的《公司法》对股份代持并没有进行明确的规定，但2011年发布的《公司法》司法解释三第二十五条规定：有限责任公司的实际出资人与名义出资人订立合同，约定由实际出资人出资并享有投资权益，以名义出资人为名义股东，实际出资人与名义股东对该合同效力发生争议的，如无《合同法》第五十二条规定的情形，人民法院应当认定该合同有效。

前款规定的实际出资人与名义股东因投资权益的归属发生争议，实际出资人以其实际履行了出资义务为由向名义股东主张权利的，人民法院应予支持。名义股东以公司股东名册记载、公司登记机关登记为由否认实际出资人权利的，人民法院不予支持。因此，可以认为法律已经承认了实际出资人事实上的股东权利。

但是，对于公司挂牌时存在的股份代持，证监会和股转公司的态度是明确的，即不允许存在代持。之所以禁止代持，主要原因如下：

1	《首次公开发行股票并上市管理办法》中规定：发行人的股权清晰，控股股东和受控股股东、实际控制人支配的股东持有的发行人股份不存在重大权属纠纷，因此，虽然法律承认实际出资人事实上的股东权利，但如存在代持问题，必将导致股权不清，容易发生纷争，甚至导致公司不稳定，必须严格禁止
2	代持将有可能使公司股东超过200人，而且代持问题往往并未在上报文件时说明，无法进行有效监管
3	代持可能隐藏违法犯罪行为，或产生腐败现象

实务中，挂牌前对于发现的代持现象，必须提醒企业解决，实践中有如下几种解决方案：

一是对企业进行整改，让实际出资人复位，即将股东改为实际出资人。实践中，还需要做到以下几点：

1	整改时，让实际出资人和名义出资人到公证处办理公证，必要时要录音、录像，让名义出资人、实际出资人出具承诺，承诺代持问题已经完全解决，如果日后再出现问题，由名义出资人和实际出资人个人承担，与企业、券商、律师无关
2	要求企业实际控制人出具承诺，承诺代持问题已经完全解决，如以后出现问题，由实际控制人承担责任
3	由券商出具整改意见，券商需将上述材料置于申报材料当中，并在招股书中引用和说明。律师也应该在法律意见书中引用和说明

二是股份转让，即实际出资人退出，让代持人或其他具有出资资格的人成为相应股份的所有权人。

三是请求司法确权。对于可能产生争议或纠纷的代持行为，根据《公司法》司法解释三规定，可提前通过法院判决的方式在挂牌前就真实股东的身份予以确认。

对于律师来说，只要发现有股份代持的可能，必须要求企业按上述方法把股权理清，在法律意见书中对此进行详细说明，并出具明确的法律意见。这里有一个可参考的案例——联宇技术明确论证不存在股份代持。

关于该公司负责人桂子胜、桂勇、桂子荣三人持股情况，律师对上述三人是否存在股份代持的情形进行了说明，具体结论描述如下：根据股份公司说明和桂子胜、桂勇及桂子荣的声明，桂子胜、桂勇、桂子荣之间不存在股份代持的情形。据律师核查，武汉宏博源投资有限公司受让股份公司股份时足额支付了944万元股份转让款，该款项中的500万元为其自有资金，该款项中的444万元为向股东桂子胜的借款；桂子胜直接受让股份公司股份时足额支付了股份转让款，该款项为其自有资金。对于前述款项桂子荣未提供资金支持。

据此，律师认为，武汉宏博源投资有限公司、纽英伦商务咨询（武汉）有限公司以及桂子胜直接持有的股份公司股份真实、有效，桂子胜、桂勇、桂子荣之间不存在代持股份的情形。

总之，对于新三板主体资格相关法律问题，所设立的程序要合法合规，即拟申请挂牌企业在最初设立以及后期改制为股份有限公司时要注意严格按照《公司法》、《公司登记管理条例》等相关法律法规的规定进行，履行必要的验资、资产评估、审计等法律法规以及规范性文件规定的法定程序。

二、如何清理股权转让过程中的股份代持

股权代持又称委托持股、隐名投资或假名出资，是指实际出资人与他人约定，以他人名义代实际出资人履行股东权利义务的一种股权或股份处置方式。

（一）股权转让涉及的问题

股权转让问题包括四个方面：

对价问题	企业改制、股权转让过程中可能会出现对价不合理、程序不规范的现象，导致国有资产流失。此时，除非有相应的补救措施，并获得省级人民政府（或有权单位）对该事项的确认，否则可能构成企业挂牌的实质障碍。针对其他类型的企业，如果股权转让过程中对价不合理或者没有支付相应对价，也应该由受让方进行补偿，以确保挂牌前不存在权益纠纷，保障股权结构稳定
国有股问题	《全国中小企业股份转让系统股票挂牌条件适用基本标准指引（试行）》中要求，"申请挂牌前存在国有股权转让的情形，应遵守国资管理规定"。即如果申请挂牌的公司存在国有股东，申请挂牌材料除常规材料以外，还需增加国有资产管理部门出具的国有股权设置批复文件
外资股问题	《全国中小企业股份转让系统股票挂牌条件适用基本标准指引（试行）》中要求，"申请挂牌前外商投资企业的股权转让应遵守商务部门的规定"。即如果申请挂牌的公司存在外资股东，申请挂牌材料除常规材料以外，还需增加商务主管部门出具的外资股确认文件
其他不规范情形的问题	除上述问题以外，股权转让过程中往往还存在缺少转让协议、未完成工商变更、未审计评估、未取得应有政府批准文件等其他不规范行为。对此，企业应在律师、会计师的指导下按照法律法规要求及时规范，并由中介机构基于尽职调查发表意见，说明相关瑕疵已经清除和补救，对企业挂牌不存在实质障碍

（二）股权转让过程中清理股份代持的措施

现实中，许多企业股东为规避外资管理规定、关联交易、竞业禁止的限制，或使股份公司发起人数量符合法律规定、员工股权激励等原因相继安排股权代持。虽然《公司法》并未明文否定股权代持的行为效力，而仅规定公司股东的名称（姓名）、出资额或其变更在未经登记的情况下不得对抗第三人。但在资本市场中，因股权代持行为很可能引发潜在的法律纠纷，致使拟挂牌企业的发行人股权结构不稳定、股权情况不清晰，因信息披露不足并导致公众无法了解控股股东以及实际控制人的真实情况，进而对拟挂牌企业的经营及诚信状况产生疑虑，并最终影响对拟挂牌企业的信心，与证券市场所倡导的"公开、公平、公正"要求不符，因此该行为在资本市场中被明令禁止。

代持可能隐藏违法犯罪，滋生腐败，因此挂牌公司在挂牌前应该进行彻底清理。通常的做法是先确认实际出资人与股权代持人之间的委托代持关系，然后将该委托关系解除，即解除实际出资人与股权代持人签订的《委托持股协议》，随后由股权代持人通过股权转让或股权赠予的方式将股权归至实际出资人名下，并体现到股东名册、公司章程及工商备案文件中，从而彻底解决股权代持问题。这些措施可以总结为以下三条：

1	解除代持关系，由实际出资人担任名义股东，并由实际出资人和原名义出资人出具承诺函，承诺代持问题已完全解决，今后出现任何问题由双方承担连带责任，与公司无关
2	通过股权转让，使名义出资人成为实际出资人
3	请求司法确认。针对可能出现的纠纷，可以依据《最高人民法院关于〈中华人民共和国公司法〉若干问题的规定（三）》的有关规定，提前通过法院判决的方式在挂牌前就真实股东的身份予以确认

在此需要提醒的是，在采用股权转让的方式清理股权代持的问题时，股权转让的价格十分关键。股权转让方应确保股权转让价的公允性、真实性，并应关注股权转让所涉及的税务问题。因此，我们建议，若企业有挂牌的预期，则不要作股权代持的安排。如果出于股权激励等原因必须进行股权代持安排，则事先务必要与当事人各方签订明确的书面协议并应在申报材料之前解决股权代持的问题。

三、力避无形资产出资引发的风险

多家"新三板"企业曾因出资问题而在转板时遇挫，这是轻资产型高科技企业最容易遇到的问题。出资问题在企业发展初期很容易被忽视，因为它不直接影响企业的经营及发展，然而一旦企业在经营过程中需要借助资本市场来融资并发展壮大，对出资问题的重新考察就不可避免。因为企业在申请进入资本市场时，无论是场内市场还是场外市场，都必须要经过监管部门的审核或备案检查。而高新技术的出资如果存在瑕疵，势必会影响企业跨入资产市场的大门。

企业出资问题通常表现为延期出资、出资不实、抽逃出资、股东之间交叉持股、非货币资产出资未经评估、验资报告存在瑕疵、无形资产出资比例超限、股东以公司资产对公司增资和资本公积转增超可用金额等。因拟挂牌"新三板"的企业均为高新技术企业，而大部分高新技术企业都属于轻资产企业，在上述企业出现较多且复杂的出资问题之中，企业的核心技术出资，即无形资产出资的问题最为集中。

(一) 代表案例分析

A公司成立已满两年，拟申请新三板挂牌。A公司股东3人都曾以非专利技术（某产品加工技术）出资，且无形资产出资比例超过了70%。A公司股东为3个自然人，其中2个是夫妻（张军和吴某），各持有45%；另外一个人王某持有10%，系代持其他人股份。A公司组织架构仅有执行董事、经理、监事，张军任执行董事兼经理，张军的妻子吴某任监事。张军还投资设立了另外一个公司并且是控股股东。A 公司自己有出纳，外聘会计做账。最近两年，A 公司各股东都曾向公司拆借款项，且没有协议，没有利息。A 公司的一个核心技术人员曾希望获得员工股权激励，未果后离开了公司。

解决 A 公司的问题，遵循以下思路：

首先，应清楚何为职务发明创造？职务发明是指企业、事业单位、社会团体、国家机关的工作人员执行本单位的任务或者主要利用本单位的物质条件所完成的职务发明创造，其申请专利的权利属于该单位。申请被批准后，该单位为专利权人。如果利用本单位的物质技术条件完成的发明创造，单位与发明人签订有合同，对申请专利的权利和专利权的归属做出约定的，从其约定；如果未进行约定，则单位为专利申请人。特殊情形包括：对利用法人提供的物质技术条件，约定返还资金或者缴纳使用费的，不属于职务技术成果；在技术成果"完成后"利用法人的物质技术条件进行验证、测试的，不属于职务技术成果。

其次，如何判断是否构成职务发明创造？对于非专利技术出资是否构成职务发明，一般从五个方面进行判断：一是研发人的基本情况。张军作为相关技术的研发人需具有进行研发的背景及能力，一般从研发人的学历背景、长期在该行业从事工作的背景等进行论证。二是研发时间。张军具有合理的研发时间，一般应具有独立的或业余的研发时间，在原单位或现单位期间研发的，应着重关注，因为可能存在被认定为职务发明的可能性。三是研发过程。如果技术的产生依赖于一定的设备或设施，需确认张军是否具有合理的技术研发设备、设施，是否借用了原任职单位或现任单位的物质条件。四是技术成果。确认是否产生了技术成果（如专利权、著作权、鉴定证书等），该技术成果的权利人是否为张军。五是关注使用情况。张军在以技术出资前，是否将技术许可他人使用，出资后，公司是否享有独占、排他的使用权或所有权。

再次，针对因张军的无形资产出资存在职务发明问题而构成的出资瑕疵，解决方式有以下三种：

进行出资置换	即张军需要用等价的其他资产置换出原来已经投入 A 公司的非专利技术。该方式常用于解决出资资产存在无法解决的权属瑕疵问题。用于置换的其他资产通常为现金。出资置换的实质为公司通过减资的方式将股东原来投入公司的瑕疵资产划出公司，然后原股东用价值相同的其他资产对公司增资，其中包含减资和增资两道程序
购买用于出资的非专利技术	此种方式有两种情形：其一，该非专利技术属于其他单位。此种情况，需要张军出资向该非专利技术的所有单位购买，以解决权属问题。其二，该专利技术属于 A 公司。此种情况，需要张军向 A 公司出资购买该非专利技术，或者以相当于该非专利技术价值的现金补足出资，认定为以现金出资。如果原来出资的无形资产根本无效或不适用于公司经营，由出资股东将账面余额用等值货币或其他资产回购，对不实摊销的部分再以等值货币或其他资产补足
进行减资处理	此处的减资分为两种：其一，减少出资总额，同时改变原出资比例。即将股东张军的非专利技术出资剔除出公司资产，张军的出资额按其提供的其他资产的价值确定，各股东的出资比例发生改变。其二，以不改变出资比例为前提，减少各股东出资。减资后，各股东出资比例保持不变。即剔除张军的非专利技术出资，但不减少其占公司出资额的比例。该办法的实质是由其他股东共同承担张军出资瑕疵的责任。因涉及其他重大股东利益所以执行难度较大

最后，如果不是职务发明创造，则不构成对新三板挂牌的障碍。如果论证非专利技术为非职务发明，一般有三种思路：其一，该技术发明于公司成立前，前单位确认该发明不是职务发明；或有明确书面证据（论文、文章等）证明大部分成果在公司成立前已经由出资人研究完成。其二，出资人委托第三方研发技术，并明确技术所有权归出资人所有。其三，若是出资人在发行人工作期间研发的技术，则证明出资人的学历、经验和能力足以自行研

发该非专利技术；出资人研发该技术的原始资料；用于出资的技术与公司经营业务不存在关联关系，也未占用公司的任何资源研发，公司没有经营相关业务也无技术研发可以利用的资源；出资人研发的技术与其在公司的本职工作无关，未利用公司物质条件及工作时间研发该项技术；公司之前的研发团队成员就该项技术发表声明，未参与该项技术研发；技术权威机构对该非专利技术进行分析研究，认定该非专利技术具有个人在一定时间内自行研发的可行性；出资前公司未使用该技术，公司财务账面上未出现该技术；出资人出具承诺，声明其研发该非专利技术未占用公司资源及工作时间，也未使用公司设备，不属于公司职务发明，且未侵犯其他方的知识产权。

（二）解决拟挂牌新三板企业无形资产出资问题的方法

挂牌新三板对企业无形资产出资的要求有四点：一是用做出资的无形资产应权属清晰，不存在权利限制。二是用以出资的无形资产价值不存在高估或者对公司无价值等情形。三是无形资产出资程序符合法律法规的规定。四是无形资产出资额占公司注册资本的比例不得超出法律法规规定的限额。

结合以上挂牌新三板对企业无形资产出资的要求以及实践中容易遇到的相关问题，将解决拟挂牌新三板企业无形资产出资问题的方法粗略总结如下：

一是针对无形资产的产权归属或权利瑕疵问题，如果企业在设立时用以出资的无形资产该股东没有权利处分，但在企业设立以后，该股东拿到了其所有权或使用权，那么，只要在企业申请挂牌前，将该无形资产的权利转移给企业，且由有关验资机构出具补充验资报告，就不会对企业申请上新三板挂牌交易造成实质性影响；如果无形资产产权转移存在重大障碍，应以等额货币补足出资。若涉嫌职务发明问题，一般的解决思路是，如果是公司用无形资产出资，就要设法证明该项无形资产属于职务发明；如果是自然人股东以无形资产出资，就要设法证明该无形资产不属于职务发明。如果无法证明该无形资产是否属于职务发明，只能由出资股东以等值货币进行出资置换或者以先减资再增资的方式处理，这虽是两种不同的方式，但程序上一般都是先减资，进行减资公告后注销无形资产，为弥补减资后对公司的影响，再以等值货币增资至原来资本状况。

二是针对无形资产价值评估问题，如果评估出资的无形资产出资后，公司从来没有使用过该无形资产，亦即出资资产对公司没有价值或不适用于公司经营，应由出资股东将账面余额用等值货币或其他资产回购，对不实摊销的部分再以等值货币或其他资产补足。如果出资资产确实在有效使用或对公司经营非常必要，但没有达到预期的收益价值，在出资的时点，很难说是出资不实，这种情况，应先将无形资产全部做减值处理，再由原出资股东将减值补足，计入资本公积，将不实摊销的部分再以等值货币或其他资产补足。

一般来说，在处理无形资产价值高估问题时，应做出相应说明，表示出资技术未能发挥原来估计的作用，作价偏高，经重新评估，股东协商调低作价或者由原股东补足作价偏高的部分，同时应在相关的董事会、股东会或交易文本中统一口径，解释为由于价值评估或客观情况发生变化等方面的问题而非出资不实。由出资股东以货币形式予以补足的，为避免日后出现纠纷，无责任的其他股东还要同时出具书面承诺书，表示不再追究出资瑕疵或出资不实的股东的责任。总体来说，对于无形资产价值问题的弥补措施，主要包括置换和补足，如果是无形资产的评估值远超过资产的真实值，或者专利被覆盖，也可以采取全额计提减值准备的方式，使净资产持续真实。

三是出资程序瑕疵问题，法律规定用做出资的无形资产必须由专业机构进行评估，即不能由股东随意认定。如果没有评估报告，应由中介机构就是否存在出资不实出具意见。在不存在恶意行为、不造成出资不实，或是通过评估复核等手段予以验证，或是价值已摊销完毕并转化为经营成果、对未来没有影响、不存在潜在风险的情况下，一般不会构成挂牌障碍。对于验资报告存在瑕疵的情形，应由会计师进行复核，说明出资真实足额、有效、完整；由券商和律师出具专业意见，说明出资的真实性、合法性和充实性。从北京市的实际做法来看，企业出资可以没有验资报告，但是有其他相应的要求：如果是货币出资，需要全部银行入账单或审计报告以确认公司收到出资；如果是非货币性出资，则需要评估报告和审计报告，而事实上审计报告有验资报告的意味。那么在这种情况下，尽管没有验资报告，只要能取得入账单或者评估报告、审计报告也可以验证股东出资的真实性和充实性。

用以出资的无形资产必须及时办理财产转移手续。如果没有办理无形资产的财产转移手续，排除虚假出资情况，实际上属于股东出资不实。如以非专利技术出资的，出资股东应以法定方式向企业交付该技术并保证企业在使用该技术上不存在技术障碍。由于新三板对中介机构资质没有明确要求，所以比较鲜见中介机构没有相应资质的情况，而从事上市业务的验资机构和评估机构必须具有证券从业资格。如果验资机构不具备相应资质，则需要对其出具的报告进行复核。

四是针对无形资产出资比例过高的问题，法律之所以要对无形资产的出资比例作规定，主要是为了避免企业财产如全部属于无形资产带来的价值不确定性和变现困难，有助于维持企业的债务清偿能力。企业无形资产出资比例过高的情况一般出现在新《公司法》实施以前，多属历史遗留问题。

如果遇到企业在设立当时或是增资过程中用无形资产出资的比例过高的情况，首先，要说明无形资产是高新技术成果，并与拟挂牌企业的主营业务高度相关，必要时需寻找当地相关的文件支持，如上述北京市的相关规定，实际上，新三板挂牌企业中有很多都存在这种问题，如曾经无形资产出资比例高达80%的圣博润和达到60%的双杰电气。虽然这些地方性规定可能违背了《公司法》的有关规定，但只要有地方政府的明确依据，对挂牌新三板而言并不会构成实质性障碍。其次，根据国家科学技术委员会和国家工商行政管理局于1997年7月联合颁布的《关于以高新技术成果出资入股若干问题的规定》（注：已于2006年被废止）规定，出资入股的高新技术成果作价金额超过公司注册资本20%的，需报省级以上科技管理部门认定。但是，实际上出资比例超标的很多企业根本没有取得相关认定，这就导致企业在挂牌新三板时需要重新对出资进行处理。

如果以其他非高新技术成果的无形资产出资，由于无形资产每年需要摊销，如果申报期无形资产余额比例已经低于20%，则要说明该出资不实的情况对企业的资本无影响，不影响后续股东的利益，而且该无形资产对企业的发展贡献巨大，则这种历史问题一般不会成为挂牌障碍。但是，如果历史遗留问题对发行构成持续性影响，还是应以等额货币置换超标无形资产为佳。

当然，上述情形并不能穷尽企业在新三板挂牌时无形资产出资方面所面临的问题，而且相关问题可能同时出现和多样化，实际中要复杂得多，规范和补救总是带有掩盖瑕疵之嫌。因此，作为拟在新三板挂牌的企业，应尽早借助专业机构的力量，对无形资产出资问题进行合法化和规范化，使企业在设立之初就处于规范运营的轨道上，为新三板挂牌奠定良好的基础。

企业不论规模大小，从创办设立之初就要借助专业机构的力量，充分考虑无形资产出资涉及的各方面问题，做到合法合规出资。若企业已经存在出资问题，就更应在律师的协助下争取在企业股改之前对已出现的问题进行规范或补救。因为主办券商对企业进行内核时，通常会将股改完成视为企业从此开始合规运营的一个标志，且股改时股份是由企业净资产整体折股而成的，一旦股改完成后再对企业出资进行补足或作其他调整，可能会导致净资产发生变化，继而造成企业的经营期限不能连续计算。

四、尽量规避关联交易和同业竞争

关联交易是指公司或其附属公司与在本公司直接或间接占有权益、存在利害关系的关联方之间所进行的交易。关联方包括自然人和法人，主要指上市公司的发起人、主要股东、董事、监事、高级行政管理人员及他们的家属和上述各方所控股的公司。

同业竞争是指发行人的控股股东、实际控制人及其控制的其他企业从事与发行人相同、相似的业务，从而使双方构成或可能构成直接或间接的竞争关系。

对于挂牌新三板的企业来讲，关联交易是黄线，要规范；同业竞争是红线，不能碰。否则，这两个问题可能会使监管部门对企业的持续经营能力做出消极的判断。因为监管层在"新三板"尽职调查事项中，非常关注关联交易以及同业竞争问题，主张避免同业竞争，减少和规范关联交易。

无论是上市企业还是拟在新三板挂牌的企业，都无法回避关联交易和同业竞争问题。因为这两个问题都涉及发行主体的利益问题，进而直接关系到中小股东的权益问题。例如，G 公司董事刘柏荣为公司控股股东、董事长兼总经理刘柏青之弟；公司监事马骥为董事兼副总经理马捷之子；公司监事刘绵贵为公司董事长兼总经理刘柏青之姐夫，董事刘平之父。为了保障公司权益和股东利益，确保监事及监事会有效履行职责，G 公司在券商和律师的帮助下建立了相应的治理机制，并在《公司章程》中明确规定了监事及监事会的职责、权利和违法违规处罚机制，同时制定《监事会议事规则》、《关联交易管理办法》等制度，要求负责公司监事的券商和律师严格按照有关规定监督董事及高级管理人员的行为，并建立了关联监事回避表决机制。

（一）如何规范关联交易

相关部门对于挂牌新三板的公司进行中关联交易的基本态度是减少和规范。总的来说，挂牌新三板的公司应尽量减少并规范关联交易，关联交易价格应该公允。公司不应通过关联交易制造或转移利润，也不应将关联交易非关联化。对于关联方占用公司资金的，必须及时清理欠款并不得发生新的欠款。

现存的关联交易必须符合以下条件：

1	在实体上应符合市场化的定价和运作要求，做到交易价格和条件公允
2	在程序上必须严格遵循公司章程和相应制度的规定
3	在数量和质量上不能影响到公司的独立性

多数企业为提高企业竞争力和降低交易成本而进行大量的关联交易，然而在资本市场中，关联交易带来的负面影响不容小觑，例如内幕交易、利润转移、税负回避、市场垄断等，这些都将直接影响资本市场的健康发展，使中小投资者利益受损。因此，挂牌企业应尽量减少关联交易，对于不可避免的关联交易，则必须遵循公开、公平、公正的原则，并着重关注以下几个问题：

1	关联交易的决策是否按照公司章程或者其他规定履行了相关程序
2	交易定价是否公允？有无明显损害公司利益？与市场第三方价格是否有较大的差异
3	来自关联方的交易收入占目标公司总营业收入的比重、向关联方采购额占关联采购总额的比例是否较高
4	对关联方的应收、应付款项余额分别占公司应收、应付款项余额的比例是否较高
5	关联交易的真实性及对关联方应收账款的可收回性有多高
6	关联交易带来的利润占公司总利润的比例是否较高

公司在挂牌上市前，需根据自身情况采取以下方法处理关联交易事项，以便顺利实现挂牌：

1	对关联交易涉及的事项进行重组
2	将产生关联交易的公司股权转让给非关联方
3	对关联企业进行清算和注销，如果关联企业已经停止经营、未实际经营或者其可能存在对拟挂牌公司产生障碍或不良影响，则可考虑将该关联企业进行清算、注销
4	对于无法避免的其他关联交易，应当做到定价公允、决策程序合规、信息披露规范

（二）如何避免同业竞争

同业竞争也是企业应尽量避免出现的问题，如实际控制人或其他主要股东与企业存在同业竞争，通常的解决方式有股权转让、注销、收购相关业务和资产以及签订买断销售协议等。但值得提醒企业注意的是，无论采用何种解决方式，控股股东都应出具"避免同业竞争承诺"，承诺不与拟挂牌企业发展同业竞争的业务。

法律和主管部门关于同业竞争的基本态度是，在具有同业竞争的两家公司之间，尤其是具有控制与被控制关系的两家公司之间，控股股东或实际控制人可以任意转移业务与商业机会，这样很容易损害被控制公司的利益。所以，为维护上市公司本身和以中小股东为主的广大投资者的利益，很多国家的资本市场对同业竞争都实行严格的禁止。发行人与控股股东、实际控制人及其控制的其他企业之间不存在同业竞争是企业上市的基本条件之一。

证券发行监管部门在判断拟发行人与竞争方之间是否存在同业竞争时，通常会关注以下三方面的内容：

1	考察产品或者服务的销售区域或销售对象。若存在销售区域地理距离远、销售对象不同等因素，即使同一种产品或者服务，也可能不发生业务竞争及利益冲突
2	如存在细分产品，可考察产品生产工艺是否存在重大差异。若拟发行人与竞争方的产品同属于某一大类行业，但又存在产品细分情形，则两者之间的生产工艺也将成为考察是否存在同业竞争的重要方面
3	考察发行人所在行业的特点和业务方式。有时在具体个案中，监管部门也会结合发行人所在行业的行业特点和业务运作模式来具体判断是否构成同业竞争

鉴于公司上市时同业竞争的绝对不可存在性，公司对于已经存在的同业竞争，有关主体必须在申请上市前彻底解决同业竞争问题。同时，有关主体还需要根据具体情况就避免同业竞争做出妥善安排和承诺。解决对策如下：

1	将同业竞争的公司股权收购到发行人或称为发行人的子公司
2	由竞争方将存在的竞争性业务转让给无关联关系的第三方
3	直接注销同业竞争方
4	签订市场分割协议，合理划分发行人与竞争方的市场区域
5	将与拟发行人存在同业竞争的业务委托给拟发行人经营
6	多角度详尽解释同业但不竞争

对于新三板挂牌的企业当然不能像上市公司一样严苛要求，但公司和控

股股东、实际控制人之间尽量不要有同业竞争。如果有相同或相竞争的业务，就要剥离、停止、规范。另外，显失公平的关联交易要尽量规范和避免。但对于同业竞争和显失公平的关联交易的界定，新三板的尺度要比 IPO 企业放得更宽，同业竞争不搞"一刀切"，分具体情况，应尽量整改或提出整改措施，如实在难以解决的就如实披露，并在后续持续督导过程中关注。

五、外商投资企业股改相关法律问题

外商投资企业就是中国的企业，受中国法律的管辖和保护，其申请在股权转让系统挂牌的程序与普通中国企业没什么区别，但问题就出在外商投资企业的股改上，其改制成立股份有限公司的要求比普通中国企业高得多，这就给外商投资企业上新三板挂牌带来了很大的障碍。

（一）相关文件与外商投资企业股改要求

目前，对于外商投资企业改制设立股份有限公司的主要规范性文件有以下几个：1995 年的《关于设立外商投资股份有限公司若干问题的暂行规定》、2001 年的《关于上市公司涉及外商投资有关问题的若干意见》和《关于外商投资股份公司有关问题的通知》、2002 年的《关于加强外商投资企业审批、登记、外汇及税收管理有关问题的通知》、2006 年的《外商投资公司审批登记管理法律适用若干问题的执行意见》、2008 年的《商务部关于下放外商投资股份有限公司、企业变更、审批事项的通知》。从这些规范性文件的年份来看，确实很久远，特别是 1995 年的《关于设立外商投资股份有限公司若干问题的暂行规定》至今仍没有废止，而且其规定的内容是外商投资企业股改的最大障碍。

根据上述文件，外商投资企业进行股改一般需要达到如下要求：

1	注册资本最低限额为人民币3000万元，且为实收资本
2	有最近连续3年的盈利记录
3	对于外资持股的要求。外国股东持有的股份应不低于公司注册资本的25%。这是因为原来外商投资企业已经享受过税收优惠，而现在外商投资企业已经没有税收优惠，故已经不是硬性的要求，一般外资持股达到10%即可。外国股东的出资比例低于25%的，除法律、行政法规另有规定外，均应按照同样的审批登记程序进行审批和登记。通过审批的，颁发加注"外资比例低于25%"字样的外商投资企业批准证书；取得登记的，颁发在"企业类型"后加注"外资比例低于25%"字样的外商投资企业营业执照
4	原境内公司中国自然人在原公司作为股东一年以上的，经批准，可继续作为变更后所设立外商投资企业的中方投资者。暂不允许境内中国自然人以新设和收购方式与外商成立外商投资企业
5	报商务部门审批。限额（《外商投资产业指导目录》鼓励类、允许类1亿美元，限制类5000万美元）以下外商投资股份有限公司的设立及其变更，由省级商务主管部门负责审批，限额以上以及对外商投资有专项规定的行业、特定产业政策、宏观调控行业仍由国家商务部审批
6	符合国家有关外商投资企业产业政策的规定

（二）解决方案

从目前的情况看，要求各地商务部门突破商务部的规定有较大难度，而且股改公司目前的表态也均为个人意见，没有明确的书面文件。拟挂牌新三板的企业绝大多数不可能达到注册资本3000万元和连续3年盈利的要求，因此，对于目前存在的外商投资企业挂牌难的问题，比较可行的解决方案如下：

方案	实施细则
外资改内资	目前有许多外商投资企业其实是假外资，或者目前外资其实已不存在，许多外资实际就是中资一方设立的离岸公司，在这种情况下，外资企业完全可以改为内资企业，这也是目前新三板挂牌最快最有效的办法
收购同行业内资企业	鉴于新三板对企业注册资本和盈利没有太多要求，找一家符合要求的同行业内资企业很容易。因此可以直接收购一家本行业的同类企业申请挂牌。当然，也可以以外商投资企业的子公司出面申请挂牌。但外商投资或再投资企业虽然属于内资，行业上还是有一些限制性的规定。笔者建议最好由控股股东或者实际控制人（内资企业或自然人）出面收购一家质量较好的同类企业，这样就可以参照内资企业要求迅速挂牌新三板
获得地方政府支持	对于发展迅速、质量较好的企业，注册资本和盈利要求相差不大的，则可以由政府出面协调，地方商务部门征询商务部的意见，事实上很多突破都是从地方开始的，目前一些地方商务部门已经对条件相差不多的企业开了绿灯
等待商务部书面意见	从目前的形势看，商务部的文件大都已经过时，并且与现行的《公司法》等法律法规相冲突，同时地方商务部门也在反馈当地的诸多意见，因此，对原来的文件进行修改甚至废止是必然的，但这需要时间，如果企业对挂牌要求不是太迫切，则可以等一段时间

对于上述解决方案中提及的外商投资企业收购内资企业即形成再投资企业的问题，往往会涉及行业限制，在具体操作时需要关注。下面提供的案例可作为参考：

某股改公司认为公司存在境外公司或个人通过境内公司间接持有公司股权的情况，另外该股改公司也不清楚公司业务领域是否存在属于限制外商投资或再投资的情形。律师对公司间接持有公司股权的境外公司或个人进行了详细说明，并就公司的业务领域与《外商投资产业指导目录（2011 年修订）》进行逐一比对，详细论证了外资股东投资该公司不属于限制投资或再投资的业务领域。最终认为，公司除互联网广告业务外，还包括一部分互联网技术服务业务，即为相关企业提供数据采集、数据分析、技术保障等互联网技术服务。根据《外商投资产业指导目录（2011 年修订）》，互联网技术服务业务未被列为禁止类或限制类产业，应属于允许外商投资的行业。最后认定，公司属于外商投资企业再投资企业，公司现有互联网广告业务不属于《外商投资广告企业管理规定》管辖的外商投资广告业之情形；公司从事的互联网技术服务业务不属于经营性互联网信息服务领域，从而不应受外商投资增值电信业务的限制；公司业务领域不存在限制或禁止外商投资或再投资的情形。

挂牌新三板的企业法务人士认为，在中小微企业发展困难的中国，外资中小微企业亦同样面临着资金困难，外资企业也是我们国民经济的重要组成部分，根据国民待遇原则，中央政府建立多层次资本市场不应为外资企业进入该市场融资设置更多的障碍，但现实确实存在外资企业进入场外市场挂牌过程中诸多不确定或无法明确适用法律法规的问题，造成了外资投资企业法律适用的混乱。2014年3月1日新修订的《公司法》正式生效实施，外商投资企业如何适用法律的问题将更显突出，相信主管部门会适时进行梳理，颁布相应的法律法规进行明确，尽量杜绝因地方主管部门理解不一致而造成的执行标准不统一的现象。

第八章　财务问题："新三板"挂牌企业基本财务要求

在备战新三板的过程中，企业不仅要考虑主营业务重组、历史沿革梳理、治理结构规范、持续盈利保障等关键问题，还应重视财务问题。根据新三板挂牌的要求，参照拟上市企业IPO被否的原因分析，结合拟挂牌企业的普遍性特点，主要有挂牌企业的基本财务要求、挂牌企业财务文件相关知识、挂牌企业涉及的会计政策、挂牌企业财务核算办法、挂牌企业税务问题、挂牌企业财务制度规范等，需要企业提前关注并解决。

一、"新三板"挂牌企业的基本财务要求

公司挂牌上市新三板是一项复杂的系统工程，需要在各个方面满足挂牌上市的规范要求，而财务问题往往直接关乎成败。挂牌企业的基本财务要求有以下八项指标：

1	公司应设有独立财务部门进行独立的财务会计核算,相关会计政策能如实反映企业财务状况、经营成果和现金流量
2	不存在金额及比例悬殊的内外账体系
3	成本、费用能够准确核算,收入与成本费用相匹配
4	不存在大额的累计未弥补亏损
5	最近一年注册资本及净资产值均不低于 500 万元
6	最近一年营业收入不低于 1000 万元
7	最近一年净利润不低于 200 万元
8	对于成长性较快的企业或其他技术领先的优秀潜力型企业,可以适当放宽财务指标条件

事实上,企业挂牌上市新三板,过程中应当注意的财务问题是多方面的。根据新三板挂牌的要求,参照拟上市企业 IPO 被否的原因分析,结合拟挂牌企业的普遍性特点,主要有以下几个财务问题需要企业提前关注并解决。

(一) 基本财务要求之能够持续盈利

能够持续盈利是企业发行上市的一项基本要求。从公司自身经营来看,决定企业持续盈利能力的内部因素包括核心业务、核心技术、主要产品以及其主要产品的用途和原料供应等。从公司经营所处环境来看,决定企业持续盈利能力的外部因素包括所处行业环境、行业中所处地位、市场空间、公司的竞争特点及产品的销售情况、主要消费群体等方面。公司的商业模式是否适应市场环境,是否具有可复制性,决定了企业的扩张能力和快速成长的空间。公司的盈利质量,包括营业收入或净利润对关联方是否存在重大依赖,盈利是否主要依赖税收优惠、政府补助等非经常性损益,客户和供应商的集中度如何,是否对重大客户和供应商存在重大依赖性。

某公司创业板上市被否决原因包括:其主营产品为药芯焊丝,报告期内,钢带的成本占原材料成本比重约为 60%。最近三年,由于钢材价格的波动,直接导致该公司主营业务毛利率在 18.45% ~ 27.34% 之间大幅波动。原材料价格对公司的影响太大,而公司没有提出如何规避及提高议价能力的措施。

某公司中小板上市被否原因:公司报告期内出口产品的增值税享受"免、抵、退"的政策,2008 年、2007 年和 2006 年,出口退税金额占发行人同期净利润的比例分别为 61%、81% 和 130%,发行人的经营成果对出口退税存在严重依赖。

(二)基本财务要求之税收方案筹划

税务问题是企业改制上市过程中的重点问题。在税务方面,中国证监会颁布的主板和创业板发行上市管理办法均规定:发行人依法纳税,各项税收优惠符合相关法律法规的规定,发行人的经营成果对税收优惠不存在重大依赖。企业执行的税种、税率应合法合规。对于税收优惠,应首先关注其合法性,如税收优惠是否属于地方性政策且与国家规定不符、税收优惠有没有正式的批准文件。对于税收优惠属于地方性政策且与国家规定不一致的情况,应根据证监会保荐代表人培训提供的审核政策说明,寻找不同解决办法。

应注意纳税申报是否及时,是否完整纳税,避税行为是否规范,是否因纳税问题受到税收征管部门的处罚。某公司创业板上市被否决原因:2006 年纳税使用核定征收方式,不符合企业所得税相关规定而未予纠正。

(三)基本财务要求之资产质量

企业资产质量良好,资产负债结构合理是企业上市的一项要求。其主要关注点如下:应收账款余额、账龄时长、同期收入相比增长是否过大,存货余额是否过大、是否有残次冷背、周转率是否过低、账实是否相符,是否存在停工在建工程,固定资产产证是否齐全,是否有闲置、残损固定资产,无形资产的产权是否存在瑕疵，作价依据是否充分。

其他应收款与其他应付款的核算内容，这两个科目常被戏称为"垃圾桶"和"聚宝盆"。关注大额"其他应收款"是否存在以下情况：关联方占用资金、变相的资金拆借、隐性投资、费用挂账、或有损失、误用会计科目。关注大额"其他应付款"是否用于隐瞒收入，低估利润。

财务性投资资产，包括交易性金融资产、可供出售的金融资产等占总资产的比重，比重过高，表明企业现金充裕，上市融资的必要性不足。

（四）基本财务要求之不存在重大财务风险

在企业财务风险控制方面，中国证监会颁布的主板和创业板发行上市管理办法均作了禁止性规定，包括：不存在重大偿债风险，不存在影响持续经营的担保、诉讼以及仲裁等重大或有事项；不存在为控股股东、实际控制人及其控制的其他企业进行违规担保的情形；不得有资金被控股股东、实际控制人及其控制的其他企业以借款、代偿债务、代垫款项或者其他方式占用的情形。

某公司创业板上市被否决原因：控股股东在报告期内持续以向企业转让债权、代收销售款方式占用企业大量资金。

（五）基本财务要求之会计基础工作

会计基础工作规范，是企业上市的一条基本原则。拟改制上市企业，特别是民营企业，由于存在融资、税务等多方面需求，普遍存在几套账情况，需要及时对其进行处理，将所有经济业务事项纳入统一的一套报账体系内。

会计政策要保持一贯性，会计估计要合理并不得随意变更。如不随意变更固定资产折旧年限，不随意变更坏账准备计提比例，不随意变更收入确认方法,不随意变更存货成本结转方法。

(六) 基本财务要求之独立性与关联交易

企业要上市,其应当具有完整的业务体系和管理结构,具有直接面向市场独立经营的能力,具体为资产完整、人员独立、财务独立、机构独立和业务独立五大独立。尤其是业务独立方面,证监会对关联交易的审核非常严格,要求报告期内关联交易总体呈现下降的趋势。因此对关联交易要有完整业务流程的规范,还要证明其必要性及公允性。

要辩证地看待关联交易,特别要处理好三个方面的问题:一是清楚认识关联交易的性质和范围;二是尽可能减少不重要的关联交易,拒绝不必要和不正常的关联交易;三是对关联交易的决策程序和财务处理务必要做到合法、规范、严格。

某公司上市被否决原因:与其关联公司在提供服务、租赁场地、提供业务咨询、借款与担保方面存在关联交易。2006 年、2007 年、2008 年及 2009 年 1~6 月,与其控股股东及其附属公司发生的业务收入占同期营业收入的比重分别为 38.19%、32.53%、29.56% 和 27.47%,关联交易产生的毛利额占总毛利的比重分别为 48.18%、42.28%、34.51% 和 30.82%。发审委认为其自身业务独立性差,对控股股东等关联方存在较大依赖。

(七) 基本财务要求之业绩连续计算

在 IPO 过程中,经常有公司整体改制,这就涉及业绩连续计算的问题,主板上市管理办法规定最近三年内主营业务和董事、高级管理人员没有发生重大变化,实际控制人没有发生变更,即使创业板也规定最近两年内上述内容没有变化。对同一公司控制权人下相同、类似或相关业务的重组,在符合一定条件下不视为主营业务发生重大变化，但需掌握规模和时机，不同规模的重组则有运行年限及信息披露的要求。

某公司创业板被否决案例：报告期内实际控制人及管理层发生重大变化，公司的第一大股东 A 信托公司持有公司 32.532% 的股份，2008 年 10 月 8 日，经某市国资委有关批复批准同意，A 信托与 B 集团签署《股份转让协议》，A 信托将其持有的公司 32.532% 的股权悉数转让给同为某市国资委控制的 B 集团，转让前后控股股东的性质不完全一致。同时，A 信托以信托业务为主，B 集团以实业股权投资为主，两者的经营方针有所区别。另外，2009 年 1 月，本次控股股东发生变更后，B 集团提名了两位董事和两名监事，企业主要管理人员发生了变化。发审委认为企业本次控股股东的变更导致了实际控制人变更。

（八）基本财务要求之内部控制提升

企业内部控制是主办券商尽职调查和内核时关注的重点，也是证券业协会等主管备案审查机构评价的核心。建立健全有效的内部控制制度，能够保证财务报告的可靠性、生产经营的合法性和营运的效率与效果。

从内部控制的范围来看，包括制定和修改企业内部规章制度，具体包括融资控制、投资控制、费用控制、盈利控制、资金控制、分配控制及风险控制等；从内部控制的途径来看，包括完善公司治理和内部控制，具体包括公司治理机制、职责授权控制、预算控制制度、业务程序控制、道德风险控制及不相容职务分离控制等。

一般来说，内部控制的类型分为约束型控制（或集权型控制）和激励型控制（或分权型控制）。通常情况下，中小型企业以前者为主，规模型企业可采取后者。另外，内部控制不仅要有制度，而且要有执行和监督，并且有记录和反馈，否则仍然会流于形式，影响挂牌。

二、"新三板" 挂牌企业财务报表相关知识

财务报表是对企业财务状况、经营成果和现金流量的结构性表述。为了更好地服务于企业，提升审查服务理念，避免企业集中申报，新三板不强制要求最近一期财务报表必须以季度、半年度或者年度报表为期，可以任意月度报表为期，但其最近一期审计截止日不得早于改制基准日。财务报表有效期为最近一期审计截止日后 6 个月内，特殊情况下可申请延长至多不超过 1 个月；特殊情况主要是指企业办理信息披露、股份登记等挂牌手续事宜。

一套完整的财务报表至少应当包括资产负债表、利润表、现金流量表、所有者权益（或股东权益，下同）变动表以及附注。

（一）资产负债表

资产负债表反映企业资产、负债及资本的期末状况，长期偿债能力，短期偿债能力和利润分配能力等。其各项目的填列大致要求是：年初数字的填列报表中的"年初数"栏内各项数字，根据上年末资产负债表"期末数"栏内所列数字填列。如果本年度资产负债表各个项目的名称和内容同上年度不相一致，则应对上年末资产负债表各项目的名称和数字按照本年度的口径进行调整，填入报表中的"年初数"栏内。报表其他各项目的内容和填列方法如下：

1	"货币资金"项目，反映企业库存现金、银行结算户存款、外埠存款、银行汇票存款、银行本票存款和在途资金等货币资金的合计数
2	"短期投资"项目，反映企业购入的各种能随时变现、持有时间不超过1年的有价证券以及不超过1年的其他投资
3	"应收票据"项目，反映企业收到的未到期收款也未向银行贴现的应收票据，包括商业承兑汇票和银行承兑汇票
4	"应收账款"项目，反映企业因销售产品和提供劳务等而应向购买单位收取的各种款项
5	"坏账准备"项目，反映企业提取尚未转销的坏账准备
6	"预付账款"项目，反映企业预付给供应单位的款项
7	"应收补贴款"项目，反映企业应收的各种补贴款
8	"其他应收款"项目，反映企业对其他单位和个人应收和暂付的款项
9	"存货"项目，反映企业期末在库、在途和在加工中的各项存货的实际成本，包括原材料、包装物、低值易耗品、自制半成品、产成品、分期收款发出商品等
10	"待摊费用"项目，反映企业已经支付但应由以后各期分期摊销的费用。企业的开办费、租入固定资产改良及大修理支出以及摊销期限在1年以上的其他待摊费用，应在本表"递延资产"项目中反映，不包括在该项目数字之内
11	"待处理流动资产净损失"项目，反映企业在清查财产中发现的尚待转销或作其他处理的流动资产盘亏、毁损扣除盘盈后的净损失
12	"其他流动资产"项目，反映企业除以上流动资产项目外的其他流动资产的实际成本
13	"长期投资"项目，反映企业不准备在1年内变现的投资。长期投资中将于1年内到期的债券，应在流动资产类下"一年内到期的长期债券投资"项目单独反映
14	"固定资产原价"项目和"累计折旧"项目，反映企业的各种固定资产原价及累计折旧。融资租入的固定资产在产权尚未确定之前，其原价及已提折旧也包括在内。融资租入固定资产原价并应在本表下端补充资料内另行反映
15	"固定资产清理"项目，反映企业因出售、毁损、报废等原因转入清理但尚未清理完毕的固定资产的净值，以及固定资产清理过程中所发生的清理费用和清理收入

投资者利用资产负债表的资料，可以看出公司资产的分布状态、负债和所有者权益的构成情况，据以评价公司资金营运、财务结构是否正常、合理；分析公司的流动性或变现能力，以及长期、短期债务数量及偿债能力，评价公司承担风险的能力；利用该表提供的资料还有助于计算公司的获利能力，

评价公司的经营绩效。

（二）利润表（或称损益表）

利润表反映本期企业收入、费用和应该计入当期利润的利得和损失的金额和结构情况。利润表依据"收入－费用＝利润"来编制，主要反映一定时期内公司的营业收入减去营业支出之后的净收益。通过利润表，投资者一般可以对上市公司的经营业绩、管理的成功程度做出评估，从而评价投资者的投资价值和报酬。

利润表包括两个方面：一是反映公司的收入及费用，说明公司在一定时期内的利润或亏损数额，据以分析公司的经济效益及盈利能力，评价公司的管理业绩；二是反映公司财务成果的来源，说明公司的各种利润来源在利润总额中所占的比例，以及这些来源之间的相互关系。

（三）现金流量表

现金流量反映企业现金流量的来龙去脉，分为经营活动、投资活动及筹资活动三部分。这里的现金不仅指公司在财会部门保险柜里的现钞，还包括银行存款、短期证券投资、其他货币资金。现金流量表可以告诉我们公司经营活动、投资活动和筹资活动所产生的现金收支活动，以及现金流量净增加额，从而有助于我们分析公司的变现能力和支付能力，进而把握公司的生存能力、发展能力和适应市场变化的能力。

挂牌新三板公司的现金流量具体可以分为以下五个方面：

1	来自经营活动的现金流量：反映公司为开展正常业务而引起的现金流入、流出和净流量，如商品销售收入、出口退税等增加现金流入量，购买原材料、支付税款和人员工资增加现金流出量等

2	来自投资活动的现金流量：反映公司取得和处置证券投资、固定资产和无形资产等活动所引起的现金收支活动及结果，如变卖厂房取得现金收入、购入股票和债券等对外投资引起现金流出等
3	来自筹资活动的现金流量：是指公司在筹集资金过程中所引起的现金收支活动及结果，如吸收股本、分配股利、发行债券、取得借款和归还借款等
4	非正常项目产生的现金流量：是指非正常经济活动所引起的现金流量，如接受捐赠或捐赠他人，罚款现金收支等
5	不涉及现金收支的投资与筹资活动：这是一类对股民非常重要的信息，虽然这些活动并不会引起本期的现金收支，但可能对未来的现金流量会产生极为重大的影响。这类活动主要反映在"补充资料"一栏里，如以对外投资偿还债务，以固定资产对外投资等

（四）所有者权益变动表

所有者权益表反映本期企业所有者权益（股东权益）总量的增减变动情况以及结构变动的情况，特别是要反映直接记入所有者权益的利得和损失。其各项目均需填列"本年金额"和"上年金额"两栏。

"上年金额"栏内各项数字，应根据上年度所有者权益变动表"本年金额"内所列数字填列。上年度所有者权益变动表规定的各个项目的名称和内容同本年度不一致的，应对上年度所有者权益变动表各项目的名称和数字按照本年度的规定进行调整，填入所有者权益变动表的"上年金额"栏内。"本年金额"栏内各项数字一般应根据"实收资本（或股本）"、"资本公积"、"盈余公积"、"利润分配"、"库存股"、"以前年度损益调整"科目的发生额分析填列。

在所有者权益变动表各项目中，"上年年末余额"项目反映企业上年资产负债表中实收资本（或股本）、资本公积、盈余公积、未分配利润的年末余额。"本年增减变动额"包括的项目比较多：

1	"净利润"项目，反映企业当年实现的净利润（或净亏损）金额，并对应列在"未分配利润"栏
2	"其他综合收益"项目，反映企业当年直接计入所有者权益的利得和损失金额
3	"所有者投入和减少资本"项目，反映企业当年所有者投入的资本和减少的资本。其中"所有者投入资本"项目，反映企业接受投资者投入形成的实收资本（或股本）和资本溢价或股本溢价，并对应列在"实收资本"和"资本公积"栏
4	"利润分配"下各项目，反映当年对所有者（或股东）分配的利润（或股利）金额和按照规定提取的盈余公积金额，并对应列在"未分配利润"和"盈余公积"栏。其中"提取盈余公积"项目，反映企业按照规定提取的盈余公积；"对所有者（或股东）的分配"项目，反映对所有者（或股东）分配的利润（或股利）金额
5	"所有者权益内部结转"下各项目，反映不影响当年所有者权益总额的所有者权益各组成部分之间当年的增减变动，包括资本公积转增资本（或股本）、盈余公积转增资本（或股本）、盈余公积弥补亏损等项金额。其中"资本公积转增资本（或股本）"项目，反映企业以资本公积转增资本或股本的金额；"盈余公积转增资本（或股本）"项目，反映企业以盈余公积转增资本或股本的金额；"盈余公积弥补亏损"项目，反映企业以盈余公积弥补亏损的金额

（五）财务报表附注

财务报表附注一般包括如下项目：企业的基本情况；财务报表编制基础；遵循企业会计准则的声明；重要会计政策和会计估计；会计政策和会计估计变更及差错更正的说明；重要报表项目的说明；其他需要说明的重要事项，如或有和承诺事项、资产负债表日后非调整事项、关联方关系及其交易等。同时，应当在财务报表附注中说明该无形资产的有关情况，包括是否具有合同或法律规定、能否自市场上取得相关信息等。

在财务报表中，如果附有会计师事务所的审计报告，它的可信性将会更高。所以在周年股东大会上，财务报表一般要附有审计报告。另外，上市公司的公司年报，按上市规则，除了财务报告，还有公司主席业务报告、企业管治报告等多份非会计文件。不过，股民最关心的，还是公司年报内的派息建议，以及分析财务报表上的盈利率。

三、"新三板"挂牌企业涉及的会计政策

会计政策，是指企业进行会计核算和编制会计报表时所采用的具体原则、方法和程序。拟挂牌新三板企业在适用会计政策方面常见问题主要体现在：一方面是错误和不当适用，譬如收入确认方法模糊；资产减值准备计提不合规；长短期投资收益确认方法不合规；在建工程结转固定资产时点滞后；借款费用资本化；无形资产长期待摊费用年限；合并会计报表中特殊事项处理不当等。另一方面是适用会计政策没有保持一贯性，譬如随意变更会计估计；随意变更固定资产折旧年限；随意变更坏账准备计提比例；随意变更收入确认方法；随意变更存货成本结转方法等。对于第一类问题务必纠正和调整，对于第二类问题则要注重选择和坚持。

事实上，只有在对同一经济业务所允许采用的会计处理方法存在多种选择时，会计政策才具有实际意义，因而会计政策存在一个"选择"的问题。

（一）会计政策选择的含义、特点及意义

"会计政策"重在指政策内容（原则、方法或程序）本身，而"会计政策选择"则侧重指政策的形成、修正及调整的过程，即任何会计政策都是政策选择的结果。企业会计政策选择指在既定范围内（一般由各国的会计准

则、其他法规等组成的会计规范体系限定），根据本企业的生产经营目标和特点，对可供选用的会计原则、方法、程序进行分析、比较，进而拟订会计政策的过程。

会计政策的选择有两个显著的特点：其一，选择不是个别原则、方法的简单汇集，而是一种整体优化，即构成企业会计政策的各组成部分应有内在一致的目标，受统一的政策思想指导；其二，选择是一个动态的过程，政策的最初确立需要做出选择，而已有的政策变更也是一种选择。

此外，会计政策选择对于企业来说意义重大。首先，它保证了会计法规的贯彻执行，会计政策是企业会计法规前提下的一种选择，即会计政策是企业贯彻会计法规、进行会计处理的基本方针，是在会计法规的统一规范下结合企业实际情况对会计法规规定的具体应用。

其次，会计政策的选择可以规范企业的会计行为。一般而言，各具体管理职能部门不愿意履行其应尽的责任和义务，而愿意使用更多的管理权利。要保证这些权利、义务或责任能在管理活动中得到正确贯彻，使管理活动能够按照最高管理层的意图正常进行，就必须在分解职能后的管理主体之间，采用一个新的经济管理协调机制，而会计政策就是这种协调机制的主要组成部分。通过会计政策的规范，约束了各管理主体的具体会计行为，在一定程度上避免了各管理主体在会计核算中的弄虚作假和主观臆断。此外，会计政策选择是决定企业财务信息质量的主要因素。会计政策选择是企业财务信息揭示的基础。会计的确认与计量无一不以会计政策选择为前提。会计事项的初始确认和计量以及再次确认和计量都基于对会计原则、方法和程序的选择和运用。所以，会计政策选择恰当与否，直接关系着企业财务信息的质量，进而影响到财务信息使用者据以进行的经济决策的正确程度，从而关系到资本市场的有序运作和健康发展。

最后，选择企业会计政策，可以确保企业收益的合理分配。会计信息是对企业经济活动的反映，选择不同的会计政策必然会形成不同的财务状况和经营结果。这些财务信息将影响企业、政府、工会、投资者和债权人的决策行为，受影响的决策行为反过来又会损害其他各方的利益。

由上可知，企业会计政策的选择不是一个单纯的会计问题，它是与企业相关的各利益集团处理经济关系、协调经济矛盾、分配经济利益的一项重要措施。企业恰当选择会计政策，对于保证会计信息的质量、促进企业健康发展，有着非常重要的意义。因此，企业在选择会计政策时，不能只考虑自身利益的最大化，而必须兼顾方方面面。需要以下五项原则：合法性和相对独立性相结合原则；一贯性原则；适用性原则；成本与效益相结合的原则；遵守职业道德原则。

（二）会计政策的具体内容和披露

会计政策对会计信息的影响是客观存在的，这种影响造成了会计信息的不确定性，只要企业在宏观会计政策范围内对会计处理方法有选择的权利，这种不确定性就始终存在，但它不属于会计信息失真的范畴。

会计准则《企业会计政策及会计政策和会计估计变更》的征求意见稿中规定，企业选用会计政策，主要涉及下列具体内容：

项　目	内　容
综合性会计政策	合并政策（包括企业合并和合并会计报表）、外币业务（包括外币业务处理及外币报表的折算）、估价政策、租赁、税收、利息、长期工程合同、结账后事项
资产项目	应收款项、存货计价、投资、固定资产计价及折旧、无形资产计价及摊销、递延资产的处理

续表

项 目	内 容
负债项目	应付项目、或有事项和承诺事项、退休金
损益项目	收入确认、修理和更新支出、财产处理损益、非常损益
其 他	研究与开发、衍生金融工具、费用分配方法、成本计算方法等也是构成企业会计政策的重要方面

关于会计政策的披露，该征求意见稿规定：企业采用的全部重大会计政策，应当在会计报表附注中集中说明；特殊行业还应当说明该行业特有业务的会计政策；会计政策变更也应揭示；会计政策的披露，不得用于纠正会计报表本身的错误。我们认为，企业在财务情况说明书中披露会计政策，将是更有效的方法，因为它能克服会计报表附注零乱分散、局限于篇幅的缺陷，能够集中、系统、详细地揭示本企业的会计政策及其变更，便于增进对会计报表信息的理解和利用。

总之，适用会计政策应该保持一贯性，不能随意变更会计估计；不能随意变更固定资产折旧年限；不能随意变更坏账准备计提比例；不能随意变更收入确认方法；不能随意变更存货成本结转方法等。

四、"新三板"挂牌企业财务核算办法

挂牌公司应设有独立财务部门进行独立的财务会计核算。财务核算是指进行连续、系统、完整的记录、计算、反映和监督所应用的方法。主要包括以下方法：设置账户和科目；复式记账；成本计算；填制凭证；登记账本；

财产清查；会计报表编制。下面介绍其中的四种方法。

（一）复式记账方法

复式记账法是以资产与权益平衡关系作为记账基础，对于每一笔经济业务，都以相等的金额在两个或两个以上相互联系的账户中进行登记，系统地反映资金运动变化结果的一种记账方法。现在采用的复式记账法，主要有两种：

方 法	实施细则
钱物收付记账法	以钱和物的收付为中心，记录经济业务的一种记账方法。会计科目分为"钱物类"（或"结存类"）和"收付类"两大类科目。"钱物类"包括现金、存款、粮食物资和固定资产。"收付类"中的收入类科目包括农业收入、副业收入、其他收入、公积金、公益金和暂收款；付出类科目包括农业支出、副业支出、其他支出、管理费、待摊费用、基建投资和暂付款等。记账规则是"两类科目，同收同付；同类科目，有收有付"
资金收付记账法	以预算资金和预算外资金收付为中心记录经济业务的一种记账方法。会计科目分为"资金来源类"（包括固定资产基金、拨入经费、应缴预算收入、经费暂存、预算外收入等）、"资金运用类"（包括经费支出、拨出经费、经费暂付、预算外支出等）和"资金结存类"（包括经费现金、经费存款、经费材料、固定资产、其他存款等）三大类。记账规则是"资金结存总额增加的业务，记同收；资金结存总额减少的业务，记同付；资金结存总额不变的业务，记有收有付"

复式记账的基本要求是，不论是发生与现金、银行存款有关的经济业务，还是发生与现金或银行存款无关的经济业务，都必须在两个或两个以上的有关账户中同时登记。复式记账法是以资产等于负债加所有者权益这一平衡原理为基础的。任何一笔经济业务的发生，都会引起至少两个项目的资金增减变动，而两个项目的变动金额相等。经营业务中客观存在的这一现象，通过会计核算把它全面地反映出来，就需要在两个以上相互联系的账户中进行登记。

(二)成本计算方法

在现代会计学中,对"成本计算"有广义和狭义两种解释。狭义的成本计算是指一般意义上的成本核算,即归集和分配实际成本费用的过程;广义的成本计算是指现代意义上的成本管理系统,这个系统是由成本核算子系统、成本计划子系统、成本控制子系统和成本考核子系统有机结合而成的。管理会计中使用的是广义的成本计算概念。

成本计算方法是按一定的成本对象归集生产费用,以便计算出各种产品总成本和单位成本的方法。最基本的成本计算方法有品种法、分批法和分步法。成本计算方法的确定在很大程度上取决于企业生产的特点和成本管理的要求。在大量大批单步骤生产的情况下,只要求按产品的品种计算成本,这种成本计算方法就称之为品种法。在单件小批多步骤的生产情况下,由于生产是按照客户的订单以及企业组织的生产批别组织生产,因此,产品成本就应该按照订单或生产批别进行计算,这种成本计算方法就称之为分批法。而在大量大批多步骤生产的情况下,往往不仅要求按产品品种计算的方法称之为分步法。

除此之外,还有一些可与基本方法结合使用的成本计算方法,例如,采用品种法计算成本,在产品品种规格繁多的情况下,为了简化成本计算工作,可以先将产品划分为若干类别,分别计算各类别产品成本,然后在各个类别内部采用一定的分配标准,计算出各个规模产品的成本,这种方法称之为分类法。在定额管理制度比较健全的企业中,为了加强成本的定额控制,还可以以定额成本为基础,计算产品的实际成本,这种方法称为定额法。

需要指出的是,由于企业生产情况错综复杂,在实际工作中,各种成本计算方法往往是同时使用或结合使用的。这主要取决于企业的生产特点,其目标是力求实现既正确计算产品成本,又简化成本的核算工作。

(三) 财产清查方法

财产清查法是指通过对货币资金、实物资产和往来款项的盘点或核对,确定其实存数,查明账存数与实存数是否相符的一种专门方法。

一是实物清查,这是确定财产物资账面结存的方法:

方 法	实施细则
永续盘存制	永续盘存制亦称账面盘存制。采用这种方法,平时各项财产物资的增加数和减少数,都要根据会计凭证连续记入有关账簿,并且随时结出账面余额
实地盘存制	不同于永续盘存制,采用这种方法,平时只根据会计凭证在账簿中登记财产物资的增加数,不登记减少数,到月末,对各项财产物资进行盘点,根据实地盘点所确定的实存数,计算出这月各项财产物资的减少数
抽样盘存法	这种方法是指对于数量多、重量均匀的实物财产,确定财产的实有数额

二是清查财产物资的方法:

方 法	实施细则
实地盘点	实地盘点是指在财产物资堆放现场逐一清点数量或用计量仪器确定实存数的一种方法
技术推算盘点	技术推算盘点是利用技术方法,如量方计尺等对财产物资的实存数进行推算的一种方法

三是资金清查。对于库存现金的清查,首先,在盘点之前,出纳人员应先将现金收、付凭证全部登记入账,并结出余额。其次,盘点时,出纳人员

必须在场。现金应逐张清点,如若发现现金长款、短款,必须会同出纳人员核实清楚。盘点时还应查明是否有违反现金管理制度的行为。最后,在盘点结束后,应根据盘点结果,及时填制"库存现金盘点报告表",并由盘点人员和出纳人员共同签字盖章。

对于银行存款的清查,是采用与开户银行核对账目的方法进行的,即将本单位的银行存款日记账与开户银行转来的对账单逐笔进行核对。但即使双方记账都没有错误,银行存款日记账的余额和银行对账单的余额也往往不一致。这种不一致的原因可能不是由于某一方记账有错误,而是存在未达账项。未达账项有以下四种:企业已收,银行未收款;企业已付,银行未付款;银行已收,企业未收款;银行已付,企业未付款。

四是款项清查。在清查之前,应及时与对方公司或个人联系,取得有关的对账单,然后对往来款项进行清查,采用与对方通过对账单核对账簿记录或查询的方法进行,也可以两种方法同时采用。清查过程中,不仅要查明往来款项的余额,还要查明形成的原因。对于清查中发现的坏账损失以及无法支付的应付款项,均必须按规定进行处理,不得擅自冲销账簿记录。

(四)会计报表编制方法

会计报表是企业财务报告的主要部分,是企业向外传递会计信息的主要手段,会计报表是根据日常会计核算资料定期编制的。它综合反映企业某一特定日期财务状况和某一会计期间经营成果、现金流量的总结性书面文件。

会计报表的编制有以下几项要求:

一是真实可靠。会计报表指标应当如实反映企业的财务状况、经营成果和现金流量;同时,保证会计报表的真实可靠需做的准备工作如下。

1	企业在编制年度财务会计报告前，应当按照规定，全面清查资产、核实债务
2	核对各会计账簿记录与会计凭证的内容、金额等是否一致，记账方向是否相符
3	依照规定的结账日进行结账，结出有关会计账簿的余额和发生额，并核对各会计账簿之间的余额
4	检查相关的会计核算是否按照国家统一的会计制度的规定进行
5	对于国家统一的会计制度没有规定统一核算方法的交易、事项，检查其是否按照会计核算的一般原则进行确认和计量以及相关账务处理是否合理
6	检查是否存在因会计差错、会计政策变更等原因需要调整前期或者本期相关项目。在前款规定工作中发现问题的，应当按照国家统一的会计制度的规定进行处理

二是全面完整。会计报表应当反映企业生产经营活动的全貌，全面反映企业的财务状况、经营成果和现金流量。因此，企业应当按照规定的会计报表的格式和内容编制会计报表。企业应按规定编报国家要求提供的各种会计报表，对于国家要求填报的有关指标和项目，应按照有关规定填列。

三是前后一致。编制会计报表依据的会计方法，前后期应当遵循一致性原则，不能随意变更；如果确需改变某些会计方法，应在报表附注中说明改变的原因及改变后对报表指标的影响。

四是编报及时。企业应根据有关规定，按月、按季、按半年、按年及时对外报送会计报表。会计报表的报送期限，由国家统一加以规定。

1	月报应于月度终了后 6 天内（节假日顺延，下同）对外提供
2	季报应于季度终了后 15 天内对外提供
3	半年报应于年度中期结束后 60 天内（相当于两个连续的月份）对外提供
4	年报应于年度终了后 4 个月内对外提供

五是相关可比。财务会计报告的相关可比，是指企业财务会计报告所提供的财务会计信息必须与财务会计报告使用者的决策相关，并且便于财务会计报告的使用者在不同企业之间及同一企业前后各期之间进行比较。

六是便于理解。这是指财务会计报告所提供的会计信息应当清晰明了，便于使用者理解和利用。

值得注意的是，在制作会计报表时，一定要遵循以下原则，以免在审计过程中出现问题：表表相符；不可虚报盈亏；表账相符；报表附注真实；编制合并报表时不弄虚作假。

五、"新三板"挂牌企业税务问题

一家公司在"新三板"挂牌过程中，在改制环节引进了一家战略投资者，各项工作进展非常顺利。但是在正式签署合作协议前，这家战略投资者要求对客户的税务情况开展尽职调查，结果发现存在非常严重的税务问题，这家战略投资者因此放弃了投资。

从以往的情况看，在"新三板"挂牌中比较容易出现的税务问题主要有：需要调增利润补缴所得税；存在自行缓缴、拖欠税款并缴纳滞纳金情况；违反税法规定受到税务处罚等。有关专家特别强调，相关部门在审核挂牌企业时，主要看企业是否有偷逃税款的主观故意，如果只是会计差错导致少量补税，只要信息披露充分也是可以的。但是，如果拟挂牌企业在挂牌前出现大量临时性补税，又缺乏合理性说明，即使没有偷逃税款的主观故意，仍旧存在很大风险。

我们特别提示关注新三板挂牌中可能会出现的问题：

第一，改制税收。

在企业由"有限公司"改制为"股份有限公司"时应特别关注的税务问题有两个：

一是在进行净资产折股操作中，将累计的盈余公积、未分配利润转为股本时，原境内自然人股东应当缴纳个人所得税，原境外法人单位可能需要缴纳预提所得税。而对于将累计的盈余公积、未分配利润转入资本公积的部分是否要征税，现行文件并无明确规定，各地实际执行中也并不一致，建议操作前与主管税务机关进行充分的沟通。

二是企业改制过程中，公司名称会发生改变，其所有财产证照亦须随之改变，其中往往夹杂着股东的增减。

第二，集团重组。

挂牌过程中，因为要求挂牌主体主业突出、消除关联方竞争等原因，所以往往在挂牌前要进行一系列的股权、资产重组，而且涉及标的金额往往比较大。

在这个过程中，建议分三步走：

（1）首先盘点梳理当前股权、资产分布状况。

（2）设计好挂牌后的股权、资产分布状况。

（3）规划与分步实施股权、资产调整路径，在这个过程中，应充分理解并运用近来国家发布的一系列支持企业重组的税收优惠政策。

第三，商业模式。

挂牌新三板条件之一就是"具有持续经营能力"，换言之就是你的商业模式能否支撑你一直活下去。所以，挂牌，也是一次商业模式升级的重大契机。在改良商业模式过程中，业务动作模式发生改变，对应的税收也就跟着改变。而税收的改变，可能又会反过来倒逼业务的改变，这是个互生共进、相互对抗又相互依赖的过程。

尤其是在这个新业态不断涌现的时代，会出现很多新的交易模式，比如免费服务、积分换购、账户充值、分销提成、交叉补贴、抢红包支出、网络广告发布等，其收入的确认、交易定性与定量、成本费用支出凭据等方面都可能因为立法滞后或模糊等原因，从而面临会计与税务处理的风险，建议实际运作前主动与主管国税、地税机关进行充分的沟通协调。

第四，股权激励。

挂牌前后，企业一般都会对核心员工进行股权激励以维持团队的稳定性、提高工作的积极性，有些企业甚至会搞全员持股。股权激励中的税收，简单来说，就是"因雇佣关系而低价获得的股票，差价部分要按工资薪金缴纳个人所得税"，而且这个税率，动辄可能适用最高的45%。

建议在实施股权激励前，充分评估员工在行权或未来退出时是否有纳税必要现金，以及其税后实际收入与预期收益之间的落差对员工心理造成的影响，从而倒逼股权激励实施方案的修正。

第五，退出准备。

无论是原始股东、外部财务投资者，还是接受股权激励的员工，挂牌后都会面临解禁期后的部分或全部变现退出。

续表

《国务院关于全国中小企业股份转让系统有关问题的决定》（国发〔2013〕49号）规定："市场建设中涉及税收政策的，原则上比照上市公司投资者的税收政策处理。"其后发布的《关于实施全国中小企业股份转让系统挂牌公司股息红利差别化个人所得税政策有关问题的通知》（财税〔2014〕48号）规定，个人持有新三板公司股权而取得的分红收入，可以根据持股期限分别享受优惠。

但对于个人转让新三板公司的股权，是否也能比照《关于个人转让股票所得继续暂免征收个人所得税的通知》（财税字〔1998〕61号）规定暂免征收个人所得税，目前暂无明确说法。

如果持股主体是有限公司，则其分红收入一般可执行享受免税待遇，但在转让环节则应按查账征收或核定征收的方式缴纳企业所得税。

如果持股主体是合伙企业，在分红与转让环节应执行"先分后税"原则，由合伙人根据自身性质决定纳税方法。

总之，同样的股权标的，采用不同的持股架构，其最终的税后所得可能会产生较大的差异。建议根据具体情况详加设计，以避免额外的税收负担。

新三板挂牌过程中的一个重要环节是改制，即从有限公司变更为股份有限公司。在这个过程中，最为关键的就是税务处理。而这个阶段的税务处理比较复杂，包括企业所得税问题、个人所得税问题以及同业竞争和关联交易问题。

（一）企业所得税问题

《国家税务总局关于我国居民企业实行股权激励计划有关企业所得税处理问题的公告》（国家税务总局公告2012年第18号，以下简称18号公告）指出，股权激励是指《上市公司股权激励管理办法（试行）》（以下简称《管理办法》）中规定的，上市公司以本公司股票为标的，对其董事、监事、高级管理人员及其他员工进行的长期性激励。股权激励实行方式包括授予限制性股票、股票期权以及其他法律法规规定的方式。同时18号公告规定，在我国境外上市的居民企业和非上市公司，凡比照《管理办法》的规定建立职工股权激励计划，且在企业会计处理上，也按我国会计准则的有关规定处理的，其股权激励计划有关企业所得税处理问题，可以按照上市公司规定执行。

参照上述规定可知，非上市公司符合相关规定可以比照上市公司实施股权激励。非上市公司实施股权激励时，需考虑是否符合《管理办法》的规定及会计处理是否合规。在采用除限制性股票、股票期权以外的其他激励方式时，需考虑潜在的税务风险。实施股权激励的企业应提前与税务机关就股权激励方案设置进行沟通和确认，争取得到税务机关的认可。在得到主管税务机关认可将股权激励方案报备后，争取相关激励成本费用在企业所得税前扣除，以消除潜在的税负上升风险。如果在企业所得税前不能扣除股权激励成本，需考虑现金激励与股权激励的税务处理方式不同导致的综合成本差异影响，合理选择激励方式。

（二）个人所得税问题

《财政部、国家税务总局关于个人股票期权所得征收个人所得税问题的通知》（财税［2005］35 号，以下简称 35 号文）提出的股权激励个人所得税优惠计税方式为，员工取得的股票期权激励收入可区别于所在月份的其他工资、薪金所得：在不超过 12 个月的规定月份内分摊计算个人所得税。这一计税方式可有效地降低个人所得税税负，提高股权激励效果。

《国家税务总局关于个人股票期权所得缴纳个人所得税有关问题的补充通知》（国税函［2006］902 号）规定，员工接受雇主（含上市公司和非上市公司）授予的股票期权，凡该股票期权制定的股票为上市公司（含境内、境外上市公司）股票的，均应按照 35 号文进行税务处理。由此可知，股权激励股票为境内、外上市公司股票时，才能享受个人所得税税收优惠。而《国家税务总局关于股权激励有关个人所得税问题的通知》（国税函［2009］461号）进一步明确，35 号文件中的优惠政策仅适用于符合规定条件的境内外上市公司所实行的股权激励计划。也就是说，任何非上市公司员工取得的股权激励收入，以及上市之前设立股权激励计划，待公司上市后取得的股权激励收入均不得享受优惠，相应的收入应直接计入个人当期所得缴纳个人所得税。

目前已经废止的《国家税务总局关于阿里巴巴（中国）网络技术有限公司雇员非上市公司股票期权所得个人所得税问题的批复》（国税函［2007］1030 号）曾经规定，阿里巴巴（中国）网络技术有限公司员工以特定价格购买境外母公司的股票，属于工资薪金所得，可比照全年一次性奖金的计税办法去计税。该文件的废止更为非上市公司的股权激励计划适用个人所得税优惠政策增加了不确定性。

如果股权激励不能适用个人所得税的相关优惠政策，而是直接计入个人当期所得按"工资、薪金收入"计缴个人所得税，将导致税负的明显上升。激励对象应承担的个人所得税边际税负最高达 45%，部分公司激励对象应计缴的个人所得税可达其行权成本的 50% 以上。非上市公司股权激励形式复杂，有低价增资、大股东低价转让股权方式等，上述方式如何缴纳个人所得税，实际执行层面并不十分明确，需要关注这类税收风险。高昂的税负可能导致激励对象无力偿付因行权产生的巨额个人所得税，而影响股权激励的预期效果。

在实务中，企业可提前将股权激励计划的详细材料呈送主管税务机关，就股权激励工具的运作模式（包括授予、得权、行权等环节）与税务机关进行探讨，根据股权激励计划的具体内容，尽可能争取试用个人所得税税收优惠政策，保证股权激励方案的实施效果。

（三）同业竞争问题

同业竞争是挂牌新三板企业的红线，不能碰。在改制过程中，要关注同业竞争过程中涉及的税务问题。企业改制前，其所从事的业务很可能与其控股股东、实际控制人及其所控制的企业从事的业务相同或者相近，从而构成直接或间接的竞争关系。为了避免同业竞争，拟在新三板挂牌的企业必须在改制过程中采取措施解决同业竞争问题——这是券商在尽职调查中重点关注的内容。

在实践当中，解决同业竞争的主要办法有三个：一是注销同业竞争公司，将其资产、业务吸收合并至拟挂牌公司；二是股权收购同业竞争公司，将其作为拟挂牌公司的全资子公司，纳入合并范围；三是通过股权转让将同业竞争公司变为与拟挂牌公司完全独立的第三方。解决同业竞争的过程中，还会进一步涉及注销清算和并购重组，其中的税务问题都比较复杂，需要拟挂牌企业高度重视。

（四）关联交易问题

规范关联交易是一个总的原则。总的来说，挂牌新三板的公司应尽量减少并规范关联交易，关联交易价格应该公允。

券商在尽职调查中关注的关联交易问题，其中的税务问题也非常复杂。有关专家解释说，上市审核机构之所以对拟挂牌企业关联交易高度关注，主要是为了避免挂牌公司大股东利用关联方交易实施利益输送，进而损害挂牌公司及中小股东的利益。同时，税务机关出于反避税的目的，也会对关联交易非常关注。特别是在新三板挂牌的公司，其关联交易必须公开披露，更应注意其中的涉税风险。

(五)专业机构帮助扫清障碍

中小微企业在新三板挂牌时会涉及关联交易,而规避关联交易中的税务风险,最好的办法是减少关联交易行为。但是在现实情况下,关联交易往往无法避免,并且很难规避其中的税务风险。在这种情况下,如果仅凭中小微企业自身的力量,显然很难通过券商的尽职调查,也就很难在众多的挂牌申请企业名单中脱颖而出。

针对企业在申请新三板挂牌过程中可能出现的涉税问题,专业机构要进行全程服务,进行一对一的政策宣传与辅导,加速助推企业新三板挂牌:

方法	实施
申请前友情提醒,帮助企业扫清障碍	在新三板挂牌过程中,有一个重要的前置环节是财务调查,而调查的重要内容之一,就是看企业以往的税务处理是否合规。税务机关帮助企业梳理检查税务处理是否存在瑕疵,及时提醒企业对纳税情况进行自查自纠,为企业挂牌进程扫清障碍
申办中政策辅导,促进企业规范纳税	为鼓励和支持企业新三板挂牌,地方政府要积极制定扶持政策,对进入新三板挂牌交易不同阶段分别资助,享受政府财政补贴等优惠政策。针对企业申办过程取得的各类补贴、奖励开展政策解读,避免拟挂牌企业在挂牌前出现大量临时性补税,即使没有偷逃税款的主观故意,仍旧存在很大风险的情况,帮助企业化解风险
后续跟进服务,有效防范风险	对已挂牌的企业建立跟踪服务台账,重点关注改制中的税务处理事项,对挂牌企业后期以股权融资、发行公司债、可转债等实现融资等特殊税务事项高度关注,有效防范企业挂牌涉税风险

总之,企业申请在新三板挂牌,确保成功的关键就是税务问题能够得到妥善处理。新三板从企业开始挂牌就强调处理好涉税问题,督导机构和管理部门希望在公司治理结构上能规范化,税务处理要合规。如果发现企业以往

的税务处理存在瑕疵，企业挂牌进程很有可能就此结束。

六、"新三板"挂牌企业如何规范财务制度

财务制度就是企业的神经系统。企业挂牌上市新三板是把自己的股份证券化，获得流动性的过程。在这个过程中，能够将财务制度各个环节的运作情况以较为直观和客观的方式，以金额数字的形式反映出来，是规范财务制度所必需的。

（一）存货核算

存货核算是财务制度中重点关注的科目，存货的核算一方面在定价上带有较大的随意性，另一方面核查的难度也较高，造假比较容易。因为有些存货会计师没有什么可靠的方法，全靠抽样和估计来确定存货情况，当这样的存货情况占据了公司资产负债表的重要内容时，通过它体现出来的资产负债表和利润表将会变得非常随意。

因此，券商和会计师会对存货的核算体系进行较为彻底的检查和盘点，帮助企业建立起一套较为规范和具备较强可操作性、可复制性的制度，让存货核算变得更为可靠。在这个过程中难免发现些藏住的利润和掩盖的亏空，一般都会要求企业进行整改，并对报表进行调整。

（二）股东占用企业资金

企业的股东往往也是经营者，抱守个体户的观念，认为企业和自身财产

没有什么区别，想用钱时即向企业借，将企业变为自身消费的提款机。中介机构会要求企业主将股东或关联方占款全部清理，将股东和法人较为完整地隔离开来，甚至要求对大额、长期的借款要求支付利息。

因为股东对公司占款不同于分红，在企业亏损时也可以拿走资金，在极端情况下甚至会导致卷钱跑路。所以中介机构对于大额、长期、频繁的股东占款尤其是大股东占款是较为警惕的，一方面，这直接关系到是否符合法定发行条件；另一方面，如果要求改正股东占款问题长期得不到解决，往往代表企业和股东存在一些深层次的治理问题。事实上，这些深层次问题往往是关系项目成败的关键。

（三）成本核算

虽然会计上有句老话叫"肉烂在锅里"，即便大家最关心的净利润数字是正确的，财务报表也不见得是正确的。因为企业往往不止一种产品，各个产品的毛利率不同，而毛利率是能够与同行业进行较好的横向比较的工具，往往能够体现一个产品的竞争力和市场地位。如何正确地反映各个产品毛利率对于报表的使用者，尤其是投资者来说是重要的决策依据之一。而毛利率取决于收入和成本，收入通常是可以较为容易衡量的金融资产，成本则涉及材料的购买、上述提到过的存货、生产用料、人工、水电煤等费用、专项借款费用等，而如果多种产品共用相同的生产设备或者人员，则容易产生成本分摊的问题，尽管总的毛利正确，但是分到各产品可能不准确。

所以，选取一套科学、可比较性较好、正确反映产品或服务情况的成本归集体系对吸引投资者、判断投资价值来说也具有相当的重要性，这也是券商和会计师所致力工作的内容之一。

（四）现金结算

实际上，所谓的"现金结算"指的是使用现钞收付，尤其在三线以下城市和农村，大部分居民的日常消费通常是以现钞结算的。这类问题也会构成一些消费、服务类企业的根本性上市障碍，因为这两大类行业往往位于增值税链条的两端或者根本没有增值税，那么相关收入的核查将会存在较大的困难。

一个典型例子是餐饮行业，它的特殊之处是上下游都可能是现金收付，实际上在现实当中餐饮小店也是很难管的，采购和财务老板一般都会任命自己的亲信甚至亲人去担任这些岗位。道理很简单，因为信息不对称太严重。餐馆的进货、制造、销售都不准确而且很难查，税务局对他们都很头疼，更甚者，老板恐怕自己也不知道自己到底挣了多少钱，更不要说进行 IPO 了。因此，这是一个非常典型的很赚钱但是上不了市的行业，餐饮企业今后如果想要上市，恐怕要在标准化上下足功夫。

（五）体外循环

体外循环是企业在现金结算或者通过账外的财务体系以避税的情况，我们有时将这种现象叫作体外循环。体外循环通常会有以下异常之处：

1	费用配比不正常，例如水电煤气的耗用量与同样工艺的其他企业相比明显偏高、人工费用工时明显偏高等，最终反馈出来的结果就是毛利率会偏低，实际上就相当于偷走了公司的代加工费
2	辅料耗损率明显偏高、废料处理价格明显偏低或偏高等，出现这类问题时，往往要从管理层的亲属身上去找线索
3	销售和采购时发生的费用偏低或偏高等
4	以上几点中提到的参数随着时间不同大幅变动

　　不过，体外循环对券商来说还算是不难查的，因为拟上市企业的体量较大，上述的反常之处产生的偏差比较大。此外在轰轰烈烈的财务大核查运动中，证监会的高压也间接地促使券商要求企业交出股东和高管及其血亲全部个人账户的流水资料，因为如果体外循环的金额很大，是不太可能放在这些个人账户之外的。然而，对于新三板级的中小微企业来说，如果体外循环只是老板用来给自己搞点零花钱就很难查。

　　在实践中，也会有企业为了个人账户使用方便设立了个人名义开设的结算账户。遇到这种情况，如果最终经财务核查确认企业仅仅依靠个人账户进行结算，并将相关往来款项全部纳入公司财务体系的话，只需要将个人账户关停即可，不算很致命的障碍。

　　总之，挂牌新三板企业规范财务制度，就是与券商、会计师、律师等中介机构一起，根据监管部门的要求将企业进行改造和整理，对企业和中介机构来说也是成功率更高的做法，所以上市的过程又是一个不断解决问题的过程。只有处理好财务制度中各个环节的问题，才能顺利登陆新三板，从而赢得新的发展机会。

第九章　蓝海掘金："新三板"投资智慧

在当前国家大力支持发展多层次资本市场的大背景下，作为其中重要一环，新三板近几年在制度红利的驱动下被推上"风口"。不过要提醒的是，当投资者攀上"风口"之际，千万别任性地只想着"股票随便买都能赚钱"，"风险与收益成正比"的投资大智慧在任何市场都应被时刻谨记，"风口"之上的新三板也不例外。

一、投资力量群雄逐鹿"新三板"资本市场

随着新三板的扩容，各路投资力量纷纷杀入新三板资本市场，尤其是基金公司和资管机构势头强劲。

2015年初，新三板市场迎来了基金公司密集捧场，宝盈、前海开源、招商、财通、九泰等基金公司先后通过子公司或母公司专户方式发行投资新三板的资管产品，红土创新基金公司的产品也在酝酿中，这些基金公司都强烈看好新三板的投资机会。值得一提的是，基金公司不仅延续着对定增项目的

参与热情，也在积极进行探索创新，扩大从定增中淘金的力度。

2015年1月19日，国投瑞银瑞利混合型基金开始募集，这是首只由基金公司发行的公募定增基金。之前基金公司参与定增主要是借助公司专户产品，而个人投资者参与定增，除通过基金公司发行的定增类专户产品外，还有两种方式：一是通过阳光私募以信托、有限合伙形式发行的定增类产品参与；二是通过证券公司发行定增方向的资产管理计划参与。不过，这些渠道的参与门槛大多都是百万元级别以上。国投瑞银瑞利混合型基金的认购门槛低至1000元，让普通投资人也可以分享股市的定增盛宴。

除此之外，基金公司也将布局延伸至新三板定增项目。2015年1月13日，全国中小企业股份转让系统发布了2014年12月的定增数据，当月定增总规模达到15.79亿元，较11月的8.5亿元上涨近85.76%。这也是继上年10月之后，第四季度内第2次超过10亿元级别的融资。另外，根据股转系统公布的2014年度定增数据来看，总金额达到了132亿元，平均各月也正好达到10亿元级别的规模。业内人士认为随着企业数量持续增多，定增需求愈加旺盛，新三板单月定增规模已经站稳在10亿元级别规模之上。

除基金公司外，资管机构也纷纷"杀入"日益做大的新三板。少数先行者优异的业绩刺激着投资者的神经——2014年5月宝盈基金子公司推出的宝盈中证新三板1期资管产品半年获得50%的收益；鼎锋资产上年布局新三板，至2015年2月规模已达10亿元；多家公募基金的新三板产品规模也接近或超过1亿元。

资管产品的井喷背后是新三板的制度红利。出于对红利效果的不同预期以及背景的不同，资管机构可以分为三大派别，包括有着PE血统的"正统派"、从二级市场成长股或定增市场而来的"跨界派"、看好流动性企图火速占位的"抢筹派"。

"正统派"是 PE 或 VC 的影子公司。由于新三板的挂牌企业和拟挂牌企业都处在中早期阶段，因此，有着 PE 或 VC 背景的新三板资管机构更受投资者欢迎。多家 PE 背景的基金公司，在公募领域尚属"新兵"，但是在新三板领域却属于"人气王"。

"跨界派"是二级市场成长股投资和一级半定增健将们。从抢驻新三板的机构背景来看，相当一部分机构曾以二级市场投资成长股而闻名，如鼎锋资产、和聚投资、兴业全球基金等。这些在二级市场中叱咤风云的机构同样表示，新三板的成长性更重要，在结合 PE 投资理念的同时，其在二级市场上的成长股投资经验也将移植到新三板投资上。

"抢筹派"则看好流动性企图火速占位。更多资管机构则把新三板看作一块大肥肉，试图"火速"占位。如公募中的前海开源、国寿安保基金、私募中的朱雀投资、理成投资等都是传统二级市场的知名投资机构。

券商资管则入驻更早，早在 2014 年年中，已有不少券商直投子公司设立新三板投资基金，试图针对新三板实现投资、挂牌、报价和转板一条龙服务。当时，已有大型券商中的申银万国证券、中信证券、国泰君安、广发证券等先后设立专门的新三板基金，平安证券、华龙证券等中小券商也设立专门的新三板基金，发力新三板股权投资。

发力最晚的当属信托。根据此前《中国证券报》报道，一些信托公司已经就新三板业务在公司内部展开培训，更有信托公司相关业务已进入实操阶段，其业务路径亦浮出水面。虽然已发行的信托产品不多，不过，业内人士认为，信托不缺客户和资金，未来仍然是新三板资管大户。

这些资管机构中，大部分采取"试水"的态度，已设立的产品规模在3000 万～5000 万元，但也有少部分全力以赴进军新三板，大有"吃定"新三板的气概。例如鼎锋资产新三板资管规模已达 10 亿元，有着 PE 背景的九泰基金的首期产品就达到 1.5 亿元，并且已经开始筹备 2 期。

值得注意的是，虽然新三板市场有着特殊的历史性机遇，但这并不代表新三板没有风险。投资者在关注新三板暴利预期的同时，更应关注新三板市场特有的风险。国家对新三板市场的定位是助力中小微企业融资，其如今的火爆在某种程度上符合"万众创业、大众创新"的政策导向。不过，健康的资本市场绝不是投机市场，企业和市场参与者更应抱着理性的心态，才能利用好资本的力量。

二、"新三板"资本市场五大投资机会

"介绍上市"、"做市商制度"等新制度的加入让新三板市场越来越有吸引力，尤其是做市商制度在新三板的引进，既是对新三板这个场外市场的完善，也是对券商进行新三板辅导业务的刺激。随着新三板的扩容，大量持有新三板挂牌公司股权的主板上市公司，将给个人带来更多的交易性机会。

对个人和机构投资者来说，以下五大机会不可不知：

一是买到 IPO "原始股"的机会。新三板本来就是 IPO 的蓄水池，目前从三板摘牌、主板上市的公司已有 8 家，以最近转板成功的安控科技为例，其 2015 年 1 月 23 日上市，发行价格每股 35.51 元，现价每股 40 元，而公司在转板前，2011 年，公司新三板挂牌最后一笔成交价格仅为每股 4 元，短短 3 年间，投资收益竟翻了 10 倍！除此之外，公开信息显示，还有金山顶尖、现代农装、中科软、中航新材等多家企业有 IPO 的打算。

二是转板机会。长期以来，创新型、创业型企业受制于盈利能力和规模有限，一直无缘A股上市，这就造成了京东、阿里巴巴、百度，甚至最近的陌陌等互联网大佬们纷纷投向海外，"自己家养的娃就这么白白送给了别人家"。于是，监管层决定在创业板建立单独层次，支持尚未盈利的互联网和高新技术企业在新三板挂牌一年后到创业板上市。

三是并购的机会。越来越多品质不错的公司登陆新三板也吸引了上市公司的目光，截至2014年12月5日，2014年共有9家新三板公司成为A股上市公司的收购标的。2013年以来A股上市公司并购重组风起云涌，而新三板有不少属于具有技术优势和模式创新的公司。新三板公司的并购成本较低，平均收购市盈率只有15倍至20倍。于是，处于产业链关键环节，能满足上市公司外延式收购要求的新三板公司应成为投资者的重点考虑标的。

四是做市的机会。引入做市商制度无疑是新三板市场2014年最大的亮点。不仅完成了传统型竞争性做市商制度在我国证券市场的首次尝试，更让新三板告别了"买卖难"的时代！做市商制度维持了股价的稳定，为投资者提供了合理的估值区间，更为市场提供了流动性。更重要的，做市商们已为投资者背书，投资新三板，首选做市标的。

五是投资基金的机会。市值500万元的投资门槛不降，很多人就玩不了新三板了吗？未必！公募基金已经开始积极布局，不少基金大佬早就深入调研，只待证监会鸣枪，这样一来，人们即可通过公募基金间接参与新三板投资。第一个吃螃蟹的人必会获益丰厚，无论是指数基金还是想象中的"做市基金"，早期必然拉动市场行情。

三、选择"新三板"投资产品的原则和方法

个人投资者可以参与新三板。2013 年 2 月 8 日发布的《全国中小企业股份转让系统业务规则（试行）》和《全国中小企业股份转让系统投资者适当性管理细则（试行）》等首次明确了个人参与者的准入门槛。

投资新三板产品，需要对风险进行分析，并遵循一定的原则和方法，重点考察发行机构的实力和资源，并按照自己的需求选择产品。

（一）对风险进行分析

与投资二级市场产品类似，"低买高卖"是新三板产品获得收益的方式。但不同的是，新三板市场的"买"即介入方式可以是挂牌前定增或转让、挂牌后定增、挂牌后协议受让、做市买入，未来还可竞价买入；而"卖"的退出方式也很多，有转让、被并购退出、转板和回购等。因此，其中玩法很多，风险也较二级市场大很多。

风险	分析
新三板扩容风险	扩容前的新三板基本上是一个"示范板"，挂牌公司都比较优秀，其中近半数公司基本符合创业板上市条件，投资者投资扩容前的新三板风险相对较小。但经过扩容后，新三板公司鱼龙混杂，绝大多数公司难以上市，不少公司甚至随时都会倒闭。投资扩容后的新三板，投资者的风险要大得多。如果对于行业没有深入的理解，对于新三板挂牌企业不做深入的尽职调查，新三板基金的管理人也很难从鱼龙混杂的市场上挑出具有成长前景的企业

风　险	分　析
流动性风险	目前新三板交易制度还相对不完善，大部分只能通过协议交易，即参加该企业的定向增发。在交易制度很不完善并且转板制度尚未出台的情况下，买入的新三板股票想要退出只能通过协议转手，或者等企业 IPO 之后卖出。对于已经做市的股票来说，流动性会有一定改善，但相对于二级市场仍然有较大差别。开板后的流动性，一定要交易活跃才能吸引投资者，交易制度的改变能否提升新三板的估值以及提升程度还需要观察，如果在流动性不高的情况下，当企业基本面转差时，便不容易套现离场
价值风险	目前新三板对挂牌企业没有盈利水平的要求，新三板企业共有 2000 多家，总体来说良莠不齐，投资新三板需要一定的投资经验和分析能力
市场风险	新三板股票不设涨跌幅限制，从历史成交数据看，部分新三板个股价格波动非常剧烈。新三板的协议转让常常可能导致同一只股票出现巨大的价格差距，这削弱了新三板的价格发现功能，协议转让的价格往往也并不是挂牌公司真实价值的体现。尤其需要注意的是，随着各路资本的大量涌入，目前不少新三板挂牌公司的股价涨幅超过 2 ~ 3 倍，不再是投资洼地

（二）知道最靠谱的机构产品

选择新三板产品重点是选机构，什么机构最靠谱？其实重点是考察两个环节：实力和资源。新三板投资不能沿用传统 A 股二级市场的投资思路和盈利模式，也不能完全沿用 PE/VC 模式，而是要将 PE/VC、投行和二级市场打通整合起来。因此，投资者最好从这一角度去解读各类机构在"实力"和"资源"上能演好的角色。

私募、公募派等的经验更多在于投资二级市场，因此它们的优势是将这一投资经验移植到新三板投资上。选择新三板产品和哪一类机构发行关系并不大，新三板多为高科技的成长企业，重点考察的应该是发行机构投资成长股的经验，建议选择长期偏爱成长股且持续业绩优秀的机构。

不同机构所采取的投资策略有所不同。PE/VC 系更注重挖掘拟挂牌企业并推动其在新三板挂牌，这跟机构此前做主板、创业板上市的企业思路是一致的。而私募等机构投资更为灵活，对拟挂牌和已挂牌企业都有所关注，注重一二级市场的联动，对于私募机构来说，新三板更像一个提供项目源的平台。公募系则更关注流动性相对较优的做市标的。券商系的优势则是能够较早接触和筛选新三板优质项目，在判断企业价值、分析企业挂牌后被收购的可能等方面有优势。

目前挂牌的都是一些小企业，抗风险能力较低，甚至有些公司的治理能力也不够强，这就需要不仅仅是进行财务投资，而要有能力作为战略投资者对其进行支持、建议、引导和帮助。笔者比较看好背景雄厚的金融集团以及投研团队实力较强的机构所发行的此类产品。

(三) 挑选适合自己产品

布局"勇敢者游戏"的新三板市场，在找到靠谱机构之后，投资者应通过考察产品模式、投资范围、流动性等，来选出适合自己的产品。

考察产品模式，据《中国基金报》记者了解，目前新三板产品以投资类型看，可分为主动型、指数型、FOF（母基金）型，目前 90% 以上产品为主动型。

主动型新三板产品主要考察的是管理人的投资能力。而指数型产品可以分享的是新三板的系统性机会。近期广发资产管理公司的新三板全面成长集合管理计划就是业内首只类指数增强型产品，主要选取做市商交易的个股。近日全国股转系统公布首批指数编制方案，未来指数型产品可能会增多。而对于稳健型投资者来说，FOF 型新三板产品也值得关注。

新三板投资布局范围也不同。从目前新三板产品模式上看，私募契约型、有限合伙型产品的投资范围更广一些。以一家基金子公司产品为例,该产品可投资新三板已挂牌公司股票,以新三板公司股票为主要标的的指数产品,有挂牌潜力的未上市公司股权,与新三板挂牌股票相关的证券、基金、衍生工具、交易所债券等。目前这类布局是主流,但也有些产品不投资"有挂牌潜力的股权",投资者需要注意。

流动性是值得注意的一个方面。目前市场上推出的新三板产品通常封闭3年或者采用"2 + 1"模式,期间不允许投资人退出,产品的流动性较差。有些产品允许中途退出,但要收取赎回费,投资者最好根据自己的需求来配置。

在税费方面,投资者应当注意细节,如私募契约型、资管类产品,基金子公司产品等往往是不代扣代缴个人所得税的,有限合伙模式则会扣缴。另外,这些产品一般要收取管理费、托管费、浮动业绩报酬等。据研究统计,目前新三板产品资金托管人、管理人和投资顾问皆按资金的一定比例收取费用,这3项费用总和在1% ~ 2.5%不等,大多数在2.5%左右。

此外,业绩报酬一般为20%,业绩基准为6% ~ 8%。也有分段收取:退出时投资者年化收益低于8%的不收取;在8% ~ 10%的只给予8%收益;高于10%的则提取全部收益的20%作为业绩报酬。投资者可以多方比较。

四、股民如何进行"新三板"股票交易

投资者若要买新三板的股票必须重新开通新三板的股票交易账户,而且现阶段有权开通新三板交易的证券公司还是属于少数,同时并不是每家营业部都可以开的，也就是说，只有个别证券公司中的个别营业部才能办理新三板的业务，所以投资者只能根据自身所在的地方，去查询有哪些营业部可以办理，开了户才能交易。新三板的交易都是用集合竞价的模式，也就是说一天只有一个价格，另外按规则有的是一周只有一天交易，有的是周一、周三、周五交易，幅度都是5%。

除此之外，新三板交易的"门槛"颇高：一是投资人股票交易有两年时间，二是股票账户有500万元的股票市值。所以现在机构开新三板的居多，个人投资者颇少。

（一）股民新三板股票交易身份要求

不管是机构还是自然人，想要投资新三板市场都有一定要求。自然人投资者需要满足以下要求：

1	个人投资者需要有两年以上的证券投资经验，或具有会计、金融、投资、财经等相关专业背景。证券类资产包括投资者交易结算资金，在沪深交易所和全国股转系统挂牌的股票、基金、债券，券商集合理财产品等，信用证券账户资产除外
2	具有两年以上证券投资经验，或具有会计、金融、投资、财经等相关专业背景或培训经历。投资经验的起算时点为投资者本人名下账户在全国股份转让系统、上海证券交易所或深圳证券交易所发生首笔股票交易之日
3	当满足上述相应开户条件后，就可以到证券公司营业部进行开户。申请开立新三板交易账户，需提交中华人民共和国居民身份证

（二）股民新三板股票交易流程

股民可以委托证券公司的报价交易系统进行交易。如果投资者有意向，则告知报价意向交易的股份名称和代码、账户、买卖类别、价格、数量、联系方式等内容，委托其代理寻找买卖的对手方，达成转让协议。投资者也可不通过委托券商报价系统寻找买卖对手，而通过其他途径自行寻找买卖对手，达成转让协议。

买卖双方达成转让协议后，需要再向证券公司提交买卖确定性委托。成交确认委托中至少注明成交约定号、股份名称和代码、账户、买卖类别、价格、数量、拟成交对手方席位号等内容。成交约定号是买卖双方达成转让协议时，由双方自行约定的不超过 6 位数的数字，用于成交确认委托的配对。

需要注意的是，在报送卖报价委托和卖成交确认委托时，报价系统会冻结相应数量的股份，因此，投资者达成转让协议后，需先行撤销原卖报价委托，再报送卖成交确认委托。

参考文献

［1］彭丁带，熊建新，陈建勇. 新三板上市实务：难点攻破及案例分析
［M］. 中国法制出版社，2014.

［2］高慧. 中小企业资本梦：新三板挂牌实务操作指南［M］. 法律出版
社，2015.

［3］何小锋. 资本：新三板［M］. 中国发展出版社，2015.

［4］张鸿儒. 企业新三板上市实务及投资指南［M］. 地震出版
社，2012.

［5］周红. 企业上市全程指引［M］. 中信出版社，2014.

［6］沈翎，薛飞，彭彭. 大企业的战略选择：资本魔方与上市顶层设计
［M］. 中信出版社，2015.

［7］（美）威廉·D. 江恩. 如何从商品期货交易中获利［M］. 李国平
译. 机械工业出版社，2015.

［8］赵玉梅. 中小企业财务管理［M］. 中华工商联合出版社，2015.

［9］（美）布拉德·菲尔德，杰森·门德尔松. 风险投资交易条款清单
全揭秘［M］. 桂曙光译. 机械工业出版社，2014.

［10］吴瑕. 融资知道：中国中小企业融资风险案例解析与融资管理策
略［M］. 中国经济出版社，2012.

后　记

在当前的中国资本市场上，新三板就是一个"风口"，是中国版的"纳斯达克"。

作为一个新兴市场，新三板正处于良好的介入时机，优质标的一旦进入即被哄抢，在这块市场上现在所缺少的不再是资本，而是优良的平台。所以，谁越早进入这个市场，谁就越有先入为强的优势。

为此，在经济管理出版社各位编辑们的帮助下，《新三板——开启中小微企业资本盛宴》一书终于得以与广大读者见面。因而，希望读者朋友能够学习到最新的知识，并将知识运用到实际操作之中，使更多的企业都能站在新三板的"风口"，在实现自己愿望的同时获得高成长、高收益，让中国的经济实现新的增长！

本书的完成得到很多人的帮助，其中我夫人吴姿霆（Betty）的功劳最大，她在背后一直默默地鼓励和支持我，在我每次出差前都会为我准备好一切，有了她的陪伴、照顾，让我能够专心做好我喜爱的工作。感谢我的两位公子梓豪、嘉谦，他们学业有成让我觉得安慰，给了我爱的温暖。感谢我的父母和家人，是他们给了我家庭的温馨。我要特别感谢税务专家王葆菁先生，他为本书的第八章提出了很多的宝贵意见。在这里，还要感谢朱武祥教授，张信东、陈泽华、付延席、李保民、胡学光、张健博、周长生、孙悦、张伟涛、张玉波、赵晓梅、王桂华、孙智先、邓晓菲及经济管理出版社的同仁们，是他们的支持和付出，使我的梦想得以实现。最后，在本书出版之际，也希望读过本书的朋友能为我多提宝贵建议与意见，以便我能更好地将理论与实践结合，为更多的企业家服务。

陈冠声